ネオ・スピリチュアリズム6か条

一、人は肉体の衣を着けた神です。

二、人は死後も生き続け、永遠に進歩向上します。

三、人が生まれたのは、
宇宙進化の神の助手となるためです。

四、人の現在は、自分が過去にまいた種の
寸分狂いのない結果です。

五、エゴの種を捨てて愛の種をまくだけで、
自分と世界の未来が変えられます。

六、人は神になるまで輪廻転生を続けます。

桑原啓善　記

近代心霊研究の帰結である人間の生命原理

近代心霊研究→スピリチュアリズム
→日本神霊主義（浅野和三郎・脇 長生）
→ネオ・スピリチュアリズム（桑原啓善）

でくのぼうの生き方

実践綱目

反省

イ、人の悪口を言わない、聞かない、思わない。（人は神の子だから）

ロ、何事も人のせいにしない。（自立心が神の子の本質）

ハ、自分をだめな人間だと言わない、思わない。（自己は本来神の子）

右のイ、ロ、ハをした時は「ゴメンなさい」と声に出して言い、やめる。（コトバは大きなエネルギー）

でくのぼうの生き方とは

「神の子」に帰る生活実践指針

● 人は神から出て神に帰る（神の子になる）もの

1 自己中心の動物性の反省（脱皮）が必要

2 神の子になる生活実践（言・行・想）をする

（でくのぼうになれば、誰にも実践できる、万人が神の子に帰る確かな道）

生活実践

1、日常生活（言、行、想）は愛と奉仕で生きる。
（いつも世のため人のため地球のために、（目の前の物、人、仕事を通じて）
私は何をしたらよろしいか、この祈りを胸に前向きに明るく生きること）
（神の子・人間の生き方）

2、万物の礼拝（万物との会話＝声かけ）を生活習慣とする。
（ワンネスの宇宙真理）

3、食の大切さ。――日本人の主食は玄米が好ましい。

桑原啓善　記©

桑原啓善 著

ネオ・スピリチュアリズム講話

愛で世界が変わる

❖本書は『今、ハルマゲドン』の書名で昭和六十三年（一九八八年）に株式会社コスモ・テン・パブリケーションから発行されました。絶版になっていたので、このたび新しい書名『愛で世界が変わる』で、でくのぼう出版から発行いたしました。

二〇〇七・一〇・三〇　でくのぼう出版

❖本書は著者（桑原啓善）が「シルバー・バーチの会」で心霊を学ぶ人達を対象に、連続七回にわたり（一九八八年一月より七月まで、毎月一回）行なった講話の要旨を収録したものです。目は世界の人達へ向けて語っていますので、そのような目でお読みくださるようお願いいたします。

著者

●旧版の序

人類が今、稀有の転換期にあることを、誰しも漠然と胸に感じているのではないでしょうか。そうして、まかり間違えば大破壊が起こるかもしれないという、悪い予感も感じているのではないでしょうか。更に、一部の人ははっきり絶望感をもったり、大多数は漠然とした絶望感から無関心をよそおったり、ごく一部の人達は光明の確信をうすうす感じていたりするのではないでしょうか。

そうです。このことをもっと端的に言いますと、人類は今、金や武力や権力の物理的エネルギーと、善意や愛の精神的エネルギーの、どちらが個人や世界を本当に救うのか、その二者択一の選択のどたん場に立たされているのです。前者を選べば、地殻変動や異常気象や生態系破壊や人心破滅で、安全に二十一世紀は迎えられないでしょう。後者を選べば、平安に二十一世紀に入るだけでなく、遠からざる未来にアクエリアス黄金時代という、人類未曽有の神の国の時代に入って行くでしょう。

もっと端的にこのことを言えば、物質主義に立つ利己の人生原理から、霊的なものを認める愛（利他）の人生原理に、人類がここでコペルニクス的転回をとげることが出来るかどうかの、選択の場に立たされているということです。そうして、物質主義（利己主義）の側には、目には見えないが確実に悪魔の勢力が存在し、霊性主義（愛・利他）の側には、はっきりと神界の勢力が存在している。そうして、この両者が人類を土俵として、最後の決戦をいどんでいる。即ち、今ハルマゲドンなのです。

そういう時代に、いま私達がいるということは、異常なことです。私達の運命の異常さを、子供達は大人よりも直感で、もっと明晰に受け取っています。次の三人は、私の身近にいる、いずれも小学校二年生のお子さん達のことです。

ある女の子は、正月の休みの一週間を、「なぜ人間は死ぬの？」と言って泣きくらし、回答を得られぬまま、自分の顔にできた黒い隈（くま）が鏡に映るのを見て、驚いて泣き止みました。これは、人類に迫っている恐ろしい破局を予感しているのでしょう。

別の男の子は、「せかいの終りはあるのかな」という詩で、「終りがあるのなら、おかあさんが、子どもを生まないんじゃないかな。終りがないんなら、ずっと子どもを、生みつづけるだろう」と書きました。これは、人類の未来にある、一縷の光明をこの子は予感しているのではないでしょうか。

もう一人の男の子は、「こころ　と　しんけい」という詩で、「こころは人を、やだなとか、すきだなとか、おもう。しんけいはちがうことをかんじる。たとえば、いたいとか、きもちいいとか、いろんなことを、かんじる。ふしぎだ」と書きました。これは、人間には心と、もう一つ別の肉体と、二つの自分があるということを直感しているのです。そうして、人間を救うものは一つの方、「きもちいい」と快楽を感じる神経肉体の方ではなく、「すきだな」と思う心の方だと、予感をもっているのではないでしょうか。

子供はある意味で神様です。神の声の代弁者です。右の三人の詩に、人類の未来の運命が託されています。即ち、今ハルマゲドン、神と悪魔の史上はじめての大決戦は、人類が「心」の方を、即ち、物質エネルギーに対して、愛と利他の霊的エネルギーを、大切なものとして受け取る時に勝利するのです。

人類は今、史上はじめて、三つの大きな課題に直面しています。一つは、地殻変動や異常気象を止めるにはどうしたらよいか、という問題。第二は、核戦争などをなしにして、世界平和を実現するにはどうしたらよいか、という問題。第三は、南の第三世界にある飢餓、北の先進諸国にあるノイローゼやひどい人心不安、こういう個人の幸福を本当に解決するものは何か、という問題です。

この、地球の問題と、世界平和の問題と、個人の幸福の根本的解決の問題は、人類がこの五〇〇〇年の歴史上、まだ直面したことのなかった問題です。そうして、その解決策は三つとも同じ一つのことです。即ち、人類が霊的なものの存在を認めて、愛とか善意とかのエネルギーが神のエネルギーであって、すべてを完全に解決する処方箋だということを、知ることです。反対に、金や武力や権力の利己主義は、悪魔の破壊のエネルギーで、不幸と破滅の根因だということを、知ることです。

それから、ここで人類が、新しく学び取らねばならないことが、別にあります。右の三つの課題は、今までの歴史で見てきたように、一人の英雄の指導に人々が従うという形では、解決できないという事実です。それは、人々多数の協同でなければ、決して解決できないことだ、という事実を知ることです。何となれば、人類が利己主義の生活原理から、愛や奉仕の利他の生活原理に転換する、人類の総体的な心の転換の問題だからです。

私はこの書で、「百人の光の使徒よ、出でよ」と叫びました。光の使徒、すなわち神の通路となる人々が百人団結すれば、世界が変わります。それは「百匹目の猿」という事実があって、宮崎県の幸島の猿は芋洗いで有名ですが、百匹目の猿が芋を海水で洗って食べたら、幸島だけでなく、日本全国のあちこちの猿たちが、芋洗いを始めたそうです。百人の使徒が、しんじつ神の通路たらんと決心して団結したら、霊的につながるのです。かりに住む所が違っていても、夜眠っている間にも、緊密な連絡と連係と、協同作業のための計画までが、直観によって得られるのです。こういう光の使徒をいま指導している、地球神庁のバックアップがあるからです。

百人の光の使徒よ出でよ。そうして協同しましょう。それに、こうして一つの中心が出来ると、直接は知らなくても、世界各地にいる光の使徒たちと、有形無形に連合と協同が進むのです。これも、背後に働く地球神庁の霊的指導によるものです。こういう地球革命のスタッフ達の立ち上がりと活動で、現実に、地球人類の総体的な心の転換、すなわち「愛と奉仕の生活原理」への、コペルニクス的価値観の転換が行われるのです。

もし、これが実現しなければ、古い価値観である自己中心原理のままですから、核戦争や生態系破壊が起こるだけでなく、確実に異常気象と地殻変動が起きます。これらは地球のエーテル体を、悪想念が侵して、地球の身体を病気にさせているから、その自浄作用として起こるわけですから、確実に起こります。これが人類が悪魔に負けた時の終末、即ち、ほんもののハルマゲドンです。

そうなったら、人類の多数は死にます。ごく少数の、光の使徒やそれに加担した人達だけが残ります。これは霊的法則です。破壊の後に、偉大な霊的リーダー、救世主が出て、新しい人類文明の建設に当たります。死んだ多くの人は地球に再生せず、新しい魂たちが再生させられてくるでしょう。それはアクエリアス霊文明による神の国、黄金時代建設にふさわしい魂をもって、人類を再構成するためにです。

右のような破局によるコースを辿らないように、すなわち、人類価値観の、愛と奉仕への生活原理の、コペルニクス的転回を、ここ十年の間に遂げることによって、平安に、二十一世紀以後のアクエリアス新時代へと入っていきたいものです。従って、今が史上初の、あるいは最後になるかもしれない、ハルマゲドンです。

本書は、私が右の事実をもう少し具体的に述べるために、今年の一月から七月まで、毎月一回ずつ連続講話をして人々に訴えた、その記録です。従って、目の前にいる聴衆に向かって語る、という形で書かれていますが、本心はこれらの人々を越えて、その向こうにいる世界の同胞の方々に向かって語りかける、そういうことでしたので、どうか本書の読者は、その意味でお読みいただけたら、まことに有難いと存じます。

一九八八年　八月二十八日

桑原啓善　記

◆目次……愛で世界が変わる　ネオ・スピリチュアリズム講話

●第一章…………貴方は再生の日の決断を思い出しましたか

一、百人の光の使徒

本会も創立以来三年目を迎えました。本年は開会の辞にもありましたように、外へ向かっての活動を開始する年に入ったと考えております。外へ向かっての活動とは何かと申しますと、「霊的真理」の普及であります。本会の目的はご承知とは思いますが、単に自分が幸福になればいい、単に自分だけが進歩すればいいというのではありません。世界ぜんたいが幸福になるように、世界ぜんたいが進歩するように、そのために献身するということです。なぜそうかというと、これが自分が幸福になる、また、これが自分が進歩する、唯一つの天地の不変の原理だからです。何となれば、世界人類はすべて神の子、霊的な兄弟姉妹で、神の血縁で結ばれた一体のものだからです。

誰でもが、よい世界が生まれるように、皆が幸福になるようにと、そう思って生きるようになる時に、世界が本当に良くなると共に、自分の幸福と自分の進歩が、その見返りとして返ってくるのです。他に与えた全く等しい分だけが自分に返って来る、これが幸福と進歩の原理です。

右の原理は天地の原理で不変のものです。それを人類は、ここのところ永い間すっかり忘れてしまっていました。古代では常識としても通用したのですが、中世になると少しあやしくなり、それを支えるために仏教とかキリスト教などの宗教が活躍しました。しかし、近代になるとそれがすっかり駄目になり、全く逆の原理がまかり通るようになってしまいました。皆様お気付きの、「幸福の原理は物やお金である」これです。（現代人の多くはすっかりそう思い込んでいます。）ですから、物や金を沢山入手して一層幸福になるために、人と争い、蹴ちらし、押さえ、殺し、奪う、つまり「利己主義」が幸福の原理と思い込まれてしまいました。これは天地の幸福の原理である「愛＝利他＝奉仕」とは丸反対の不幸と破壊の原理であります。

　なぜ、このような人類にとって不幸な、不幸と破壊の原理が、あたかも幸福の原理のように思い込まれて通用するようになったのでしょうか。その原因は科学技術文明の発達にあります。機械の発達で、便利な物が大量に生産できるようになったので、人々はあたかもこのような物質を大量に持てば、それで幸福になれると思い込んでしまったのです。「物神信仰」と私は前に申したことがありました。そうです。本当の、霊である神様が在って、その神様が人間を幸福にしてくれるのですが、そうではなくて、神ならぬ物質が人間を幸福にしてくれると思い込んでしまったのです。偉そうな顔をして、学問という権威の上にあぐらをかいてものを言っている学者の方々、政治家とか財界人とか、人の魂を左右する教育をあずかる先生方、そういう方々の多数の人々も、やはり「物神信仰」の信徒であって、いいえむしろ庶民よりももっと頑固な信者でして、(それはそうであった方が、うまく時流に乗れて、権威や地位や財産を得やすいという都合のよい点もあるからですが)、そのため現代の社会も文明も滔々(とうとう)として「物神信仰」の不幸な流れの中を漂っています。

ですから、先進国では物質的繁栄が頂点にまで達したように見える反面、ノイローゼとかストレスとか、倫理的堕落や犯罪が増え、また公害や生態系の破壊やら核の危機を生み出しています。逆に、発展途上国は年と共に貧しくなり、人類の半数が栄養失調であり、人類の一割が餓死しかかっています。この世界はどうなるのでしょう。格差のアンバランス、先進国民は昔の貴族のように、退廃と堕落にうつつを抜かし、途上国民は昔の奴隷や農奴のように、餓死の方へ追いつめられています。その外に、地球の大地も海も空も汚染されて、地球そのものが壊れかかっています。

これは、近代になって科学技術文明が生み出した「利己主義」を幸福の原理と思い込ませた大罪です。しかし、本当は科学の罪ではないと思われます。人類の総体的な進歩のためには、人類は一度は、物質が幸福の鍵と思い込んで、とことんまで物質文明に酔いしれ、その挙げ句の果てに破壊と破滅のどん底に落ち込んで、頼りとした物質の一切を失って、そこで漸く霊的なものに目覚める、そういう人類の霊的覚醒への進歩の一齣と考えられます。このような進歩過程は個人においても人類においても同じことです。

しかし、そうだからといって、ここで本当に人類が滅びてしまっては何にもなりません。そこで今こそ、「物神」崇拝に代って、本当の幸福の原理、「利他＝愛＝奉仕」をどうしても人類の心に植え込まなければならないのです。

そのためにはどうしたらよいかというと、分かりきったことですが、もう一度人類に霊的真理を思い出して貰えばよいことです。これを思い出させる役割をもっているのが宗教家です。キリスト教も仏教も、みんなそういう配慮から、それぞれ教祖が人類の将来をおもんばかって創り出してくれたものです。しかし、今になってみると、どちらの宗教も非力になって、大手を振って歩く科学技術文明の「物神」の前に、手も足も出なくなっています。だから世界がこんなに破滅に瀕しているのです。

これは誰の罪でしょうか。キリスト？　釈尊？　いいえ、これら二大聖者はどちらも、私達がいまスピリチュアリズムで新しく学んでいる霊的真理と、全く同じことを教えています。それでは誰の罪？　それをシルバー・バーチは次のように指摘しています。

「唯物主義は何としても撲滅せねばならぬ、悪性の腫瘍です。既成宗教にはそれを撲滅する力はありません。」「いま、霊力が一番見られなくなっている場所は、宗教界です。その最高の位階にある者すら、真実の宗教の源泉である霊力に背を向け、生きた霊的真理よりも、抜けがらの形式や伝統（儀式・ドグマ・信条）を後生大事にしているからです。」

なぜ釈迦やキリストの唱えた霊的真理がも抜けのからになったかというと、教団が霊的真理よりも、儀式や、都合のよい教えである信条や、間違った信仰であるドグマばかりを、信徒に押し付けようとしてきたからだと、バーチは言うのです。なぜ教団はそういうことをしてきたのでしょうか。それは、そうした方が、教団に沢山の信徒を引き寄せられるし、従ってお賽銭も沢山集まるし、その結果教団や僧達の社会的権威や地位が高まるからです。言うなれば、世俗的配慮からそうなったということです。

これでは、そういう宗教団体に霊的真理が止どまろう筈がありません。霊的なものは最も俗臭を嫌うからです。たとえば、昨年の夏、日本で「比叡山宗教サミット」というのがありました。世界のトップレベルの各宗教の代表者たち五百余名が集まって、「世界平和の集い」をしました。その時のメッセージを見ると、現在の宗教界の実態が手にとるように分かります。こう宣言したのです、「核兵器並びに通常兵器の軍縮」で世界の平和を守ろうと。

これがいったい宗教家ですか。右の四ヶ月後の昨年の十二月に、米ソはＩＮＦ廃止条約に調印しました。これは中距離核兵器の全廃を内容としたものです。その際、レーガン大統領もゴルバチョフ書記長も、それぞれにこう言いました、「今後は核兵器の全廃に向かいたい」と。

世俗世界の二人の指導者が、「核兵器の全廃」と言っているのです。それなのに、魂の世界の指導者であるべき宗教家が、「核兵器……の軍縮」とは何事ですか。宗教家なら信念をもって、「核兵器はもちろん、通常兵器も全廃」と、人類に向かって人類の進むべき道を明示すべきです。これこそ、釈迦やキリストが、王位を捨て生命まで捨てて、人類のために示してくれた、たった一つの平和の霊的真理ではありませんか。

それを宗教界がケロリと忘れてしまったということは、現在の宗教界に、いかに霊的真理が存在しないかという証左ではありませんか。まことにシルバー・バーチが嘆いたその言葉は当たっています。

そこで、バーチは次のように続けて言います。「いま危急存亡の時です。本来は先頭に立って指導すべき宗教界が、しんがりに廻っているのは情けないことです。」そこで「霊界の上層部では、もはや地上への霊力流入は既成宗教界を通じては無理との判断のもとに、宗教界とは無縁の者を通じて行うとの決断を下されました」と。

私のような宗教には素人が、ここで愛とか奉仕だとか言うことは、本当はおこがましいことです。しかし、このような状況になったのは、素人である私達が必ずしも出しゃばっているのではないと、バーチは言ってくれているのです。即ち、それこそ人類を指導している神庁の新しい大方針であると言っているのです。

皆様ご承知のように、近代になって、神界の人類に対する指導方針は大変更されました。即ち、神霊界の計画によって始められた、新啓示運動これです。即ち、一八四八年のハイズヴィル事件以来の心霊研究の発生です。

あれは、宗教には素人である普通の人である霊媒を通じて、新しい啓示が通信され、これまた、宗教団体とは無縁の一般の人々に対してスピリチュアリズムという形で、その啓示が伝えられるようになったことです。

『霊の書』を受信編さんしたアラン・カーデックは科学者でした。『シルバー・バーチ』の受信霊媒モーリス・バーバネルは文筆業者でした。『ホワイト・イーグル』の受信霊媒グレース・クックは普通の家庭の主婦でした。『霊訓』の受信霊媒ステイントン・モーゼスは牧師でしたが、牧師をやめてから受信を始めました。そうして、これらの啓示をいまスピリチュアリズムとして聞いている私達は、宗教団体の組織をもたない、どこの町にでもいる普通の民間人です。このように、現在の啓示は、素人を通じて素人へ伝えられる、これこそバーチが明確に教えてくれている、神庁の大計画の進展ではないでしょうか。

ですから、私達のような素人こそが、いま宗教界に代って、霊的真理を声を大にして叫ぶ時です。そうでなければ、もう地球も人類もどう仕様もないところまで来ているのです。私達「シルバー・バーチの会」も、そうした中の一つです。従って、最初に申したように、今年は第三年目に入ったから、本会も外に向かって霊的真理を叫ぶ運動に入ろうと言ったわけです。霊的真理はそれを学んだ者に独占されるべきものではありません。もともと新啓示運動は、人類救済というか、人類の一大転換のためのものです。バーチはこのことを明確に次のように宣言しています。「私達が地上に降りて来たのは、人々に霊的生命の秘義を伝えるためである。この真理が地上に拡がれば、戦争や革命にもまして、一大変革が地上に起こることになろう。それは魂の変革である」と。

私達はこのたびの新啓示運動によって、宗教で歪められていない霊的真理を知ることになりました。こうして学んだものは、他の人へ手渡しせねばなりません。これこそ思想による奉仕であります。こうして、自分が他者へ手渡しした真理、その分が自分の魂の身に付く真理です。これが進歩の原理です。私達はスピリチュアリズムを普及します。その中に過去の宗教で歪められていない霊的真理があるからです。しかし、霊的真理はスピリチュアリズムの独占物ではありません。古今の聖賢の教えと本質において一つのものです。従って、いま私達が声を大にして叫ぶのはこの霊的真理です。そうして、この霊的真理を地球の多くの人々と共に学ぶことによって、人類に一大変革を起こそうというのです。

私は、百人の光の使徒（霊的真理を身に付け、これを他へ伝えることの出来る人）が集まればいいなと思っています。もちろん、この会の会員でなくても結構です。ただ、一緒に心を通じて働ける光の使徒が百人という意味です。かりに、このバーチの会に百万人の会員が集まったとしても、それがご利益信者であったら、ゼロと同じです。そこからは何の光も射してこないからです。この一人一人の会員が決して幸せにならないだけでなく、他に対しても何らの光の伝播は出来ないからです。もし、百人の光の使徒が集まれば、そこから地球を変革する大きな光の中心が出来ます。バーチはこう断言します、「現代の教会は、魂に感動を与えることは出来ません、内部の神性にカツを入れることは出来ません。神の使徒には、たった一人でもそれが出来ます」と。私が求めるのは、この百人の神の使徒たちです。

二、再生の日の決断

さて、貴方が今の時代に生まれあわせていることは、どういうことかと、皆さんはお考えになったことがありますか。そんなことどうだっていい、ということでは決してないと思います。

人が地上に再生する時には、余程の決断がないと再生しないと、霊界通信は教えています。地上という処は試練の場で、不自由な物質界で、食う努力をしながら、悪人も善人もごっちゃまぜの厳しい中で、カルマの集積の殻を病気とか不運とかいう形で背負いながら、とにかく八十年間悪戦苦闘しなければならないのですから。こんなことなら、サマーランド（幽界にある常夏の国）あたりで、のんびり暮していた方がどれ程よいか、誰だってそう思いたくなる、そういう壁を踏み切って、お互い地上へ再生して来ているのですから。それに再生する志願者も多くて、結構競争率も高いのです。その競争を敢て乗り越えて、お互い再生してきているのです。ですから、再生とはよくよくの決断をした上のことだったのです。

再生の目的というのは、結局、自分の魂の欠陥を地上の試練で磨き直そうということです。たとえば、前生で財貨を浪費して無為な人生を送った者は、今度は貧しい家に生まれて、財貨の大切さを知りたいとか、刻苦勉励の人生を経験したいとか。たとえば、前生で目の悪い人を軽んじた者は、あの世に行って後悔しても、はっきりその非を骨身にしみて知るためには、今度は自分が盲人に生まれて、盲人の苦しさを自分の身で体験して知りたいとか。千人千様の魂の修練の目的があって生まれて来るわけです。

こうして、自分の再生の目的に合わせて、一番ふさわしい親を選び、国を選び、時代を選んで生まれてきます。神庁の審査に合格した者のみが再生を許されます。神庁の審査とは、再生の目的が良いものか、再生する場所（親、国、時代）が適格であるか、そして、何よりも再生の決断が固いかどうか。

私たちは皆こうして審査に合格した者ばかりです。ですから、私達は皆、地上に生まれたら、こういう人生を送りたい、自分のこれこれの短所を直したい、こういう仕事をしたいと、はっきりした計画と決断の下に生まれて来ているのです。しかし、どういうわけか、ケロリとこれを忘れてしまうのですね。忘れるのではなく、本当は忘れさせられるのですが。赤ん坊は生まれる時、狭い産道を通る時、母親は死ぬほどの苦しみをしているのに、赤ん坊は無意識で生まれます。生まれる前の霊魂は何もかも覚えていたのですが、この無意識の誕生の瞬間に一切の記憶を失います。むしろ、これが神の慈悲です。赤ん坊が前生の知識や知恵や記憶やら、何もかもあったら、こまっしゃくれて憎たらしくて可愛くはないでしょう。それに、生まれる前に自分が計画した人生の大様が分かっていたら、ハラハラする人生、奮起したり考え込んだり、人生の新鮮味は全くないでしょう。何のことはない、テレビドラマの脚本を読んだ後で、テレビドラマを眺めている傍観者のようなものでしょう。これでは何のために、一大決心までして試練の地上に生まれて来たか、その意味が全くありません。そこで神は、私達にまことにこの再生を魂の試練の場にさせるために、一度かぎりの新鮮な人生とそれをさせるために、誕生の時に過去の記憶の一切を忘れさせられます。

ですから、忘れることは神の愛です。しかし、忘れたままでいたのでは、何のために再生したのか全く意味がありません。従って、思い出すことは人間の義務です。

シルバー・バーチは、そのことを次のように教えます。「霊は再生するに当たり、地上で果たすべき目的をちゃんと自覚して生まれます。そうして、その自覚は魂の内部に刻み込まれます。もし、それが芽生えないままで人生を終った時は、また再生して来なければなりません。首尾よく自覚が芽生えれば、ようやくその時点から、物質をまとって地上に下りた人生の目的を成就しはじめることになります。」

折角、私達は一大決心をして、選考の難関を突破して、再生したのです。何が何でも、自分が地上に再生した人生の目的を思い出さねばなりません。そうしなければ、何のための人生だったか分かりません。そのように思い出すことを忘れた者は、もう一度人生をやり直さなければなりません。その次の人生はもっと厳しいものになるでしょう。すなわち、前の人生を無為に送った悪いカルマが加わるから、今度こそは思い出すようにと、もっときついもっと辛いものになるでしょう。これが輪廻です。

ですから、今生で私達はどうしても、自分が何をしに此の世に生まれたか、自分の再生の日の決断を思い出さねばなりません。

そこで前に戻ります。この再生には自分の魂の欠点を直すという個人的な目的がたしかにあったわけです。それを思い出しましょう。それと共に、この現代を選んで生まれた

（また、選ばれて貴方が生まれさせられた）ということは、貴方の人生がこの現代という時代と深くかかわっているということです。どういうかかわり方であるかこれもきっと思い出したいものです。

このアクエリアス時代の開幕（人類が利己主義から、愛と奉仕の霊文明への輝かしい時代移行）に生まれあわせたということは、貴方がこの人類の壮麗な転換事業にかかわりを持っているということではないでしょうか。

もう一つ、駄足かもしれませんが付け足します。貴方がこのシルバー・バーチの会と何らかのかかわりをもたれたということは、今この会が始めつつある、霊的真理の普及伝達の仕事と、貴方の人生も元々かかわりを持っておいでになったのではないかということです。そこのところを、ご自分の再生の日の決断の一環として思い出して頂けたら、ということです。できたら、光の使徒の一員として、再生する前に、私達はあの世で語り合い、此の世で共に行動することを誓い合ったのではないか、そこのところの記憶の想起です。

最後に、私は私の持論でありますが、世界が人間のためにあるのでなく、人間が世界のためにある、そのことを語るホワイト・イーグルの言葉を記しておきます。

「貴方が神への思いを深めていけば、それにつれて、貴方の人生は神の美と神の愛を顕現していきます。何という素晴らしい貴方の使命ではありませんか。貴方が肉体をつけて此の世に生まれたのは、神の壮麗な光と美を地上にもたらすためです、貴方の周りの世界を美しくするためです。また、貴方の人生を豊かにし、貴方と触れ合うすべての人々の人生を豊かにするためです。貴方の再生の目的は、神が貴方の肉体をお使いになって、神の栄光を更に大いなるものとなさるためです。」（グレース・クック著『瞑想』より）

●第二章……霊的真理を普及するためのポイント

一、「人間は霊」と知ること

人は死んでも霊魂となって生き続ける、これは不変の不滅の真理です。ですから、この事実を人類のすべての人に知ってもらう、これが世界でいちばん大事なことです。何となれば、この根本の事実を知らなければ、個人も人類も絶対に救われることはないからです。

「人間は霊」であることを知らなければ、人は人間最大の三つの苦から救われることはありません。第一は、「死の恐怖」の苦です。第二は、「別離の悲しみ」の苦です。第三は、「人生が不幸であること」の苦です。このうち最大なるものが、三番目の、現在の人間がみんなおちいっている「不幸の原理」から、「幸福の原理」へと現実生活を転換させる、この問題です。

右の説明に入る前に、「人間は霊」を人に伝えるために、どんな知識を伝えたらよいのか、その点を申します。先ず、人間とは肉体だけではなく、肉体と霊魂から出来ているということです。霊魂とは、神の火花である霊と、それを包む媒体（本体・霊体・幽体）を一緒にしたものです。

次に、死とは何か。死とは肉体と霊魂の分離にすぎず、肉体は消えても霊魂は永遠に生き残る、そうして霊が本当の自分自身であるということです。

さて、人が霊であることを知っての第一の救いは、「死の恐怖」からの救いです。これがすべての人にとってどんなに恐ろしいものであるか、次の話を聞いて下さい。

私の住んでいるご近所の奥さんの話です。今年のお正月はさんざんだった、一週間の休みがつぶれてお正月どころではなかったと言うのです。それは小学校二年生になる女の子が、急に「人はなぜ死ぬの？」と言って泣き出して、夜も昼も泣き通して、どうしてもとまらなかったというのです。父親が最後には怒って、「人は死ぬから死ぬんだ！」と怒鳴っても止まらなかったそうで、とうとう可哀そうに目のまわりに黒い隈（くま）ができてしまったそうです。

私はこの話を聞いて、ああ可哀そうに、人は死なないのだ、霊は永遠に生きているのだと、この単純な真理をお子さんに教えてあげられればいいのにと、思いました。それとともに、霊的真理の普及の必要、特にこの頃は小さい子供達にも、このことを伝えなければならんのだなと気づきました。

そうして、また身体を震わしました。それはですね、こんな七歳か八歳の子供が、「人はなぜ死ぬのか」と、大人が考えるようなことをなぜ考えたかということです。これが身体の震える原因です。このお子さんが特に鋭敏だったとは思いません。いま人類が滅亡か生き残るかの、断末魔の断崖の上に立っています。このお子さんは人類のこの運命を象徴的に感じとったのですね。本当に人類がみんなその時に一緒に死ぬかもしれない、その時の死の恐怖感を、肌で感じ取ったのです。

死の恐怖はそのように恐ろしいものです。そうして、この恐怖から救い出してくれるものは、人間は肉体ではない、霊が自分で、霊は永遠に死ぬことはない、この知識です。

第二の、「別離の悲しみ」の苦、これも人間にとって、決してあなどれない大きな苦です。これは、親や子の身内を、愛する妻、夫、恋人を亡くした人なら、その悲しさがどんなに大きいかすぐ分かります。肉体の死をもって死とするから、永久に二度と会えぬその愛する者を思って嘆き悲しむのです。しかしそのような悲しみは全く無用なことです。人が霊であってその人は死んでいないと知りさえすればです。

私が、月刊誌『生命の樹』に連載している、フィンドレー著『生命の道』（注．『人間の生き方』でくのぼう出版刊）の翻訳をご覧になれば、すぐお分かりになるでしょう。あれは、スローンという直接談話の霊媒を通じて、次々と死者である霊魂が出現して、身内の生者達と語っている、その会話の記録です。あれを読むと、死者が生きていると知った身内の人達の喜びや安心が、どんなに大きいかが手に取るように分かります。しかし、それよりもっと大きいのは、死者達が、「私は死んじゃいないよ、こうしてピンピン生きているよ、サマーランドは美しい」と伝える、その時の得も言えぬ歓喜と希望のその様です。まことに、死は人間の終りでなく、生は霊となって無限に続くと知ることは、生者はもとより死者にとっても、かけがえのない救いなのです。

第三、「人生が不幸である」ことからの救い、これが最大であると、私は先に申しました。そのとおりです。もし、人が「人間は肉体」だと思っていれば、永久に不幸の生活原理から抜け出すことは出来ないのです。即ち、人生一切の災厄、病苦、貧困、争いなど、これから個人も人類全体も縁を切ることが出来ないのです。もし、個人も人類全体も、幸福になりたかったら、必ず、「人間は霊」の人生観に立たなければ、金輪際そうはならないのです。

なぜそうなのかと申しますと、「人間は肉体」からは、不幸の生活原理である「物質主義価値観（利己主義）すなわち不幸の生活原理」しか出て来ないのです。もし、「人間は霊」の人間観に立つとき、はじめて愛と奉仕の霊的価値観、すなわち幸福の生活原理が出て来るのです。

なぜか、その理由について一言申しておきます。「人間は肉体」ということは、(イ)人は八十年で死ぬ、ということです。(ロ)他人と自分とは別の肉体であるから、全くの他者ということです。(ハ)肉体と同じく物質は有限だから、衣食住は、人に与えては自分が損をする、人から獲得すれば得をする、ということです。(ニ)幸福とは、物欲・肉欲など、物質的・肉体的な喜びのことである、ということです。

さて、この(イ)(ロ)(ハ)(ニ)四つの観念の上に立った人間は、いったいどういう生活態度をとるでしょうか。幸福(物質的・肉体的な喜び)を得るためには、他者であるすべての人から、衣食住の物質を出来るだけ沢山、自分の手に獲得せねばなりません。そのためには、争い・かけひき・だまし・奪い・圧迫・搾取・差別・傷つけ等、恐らく罰せられない限りはやろうとするでしょう。中には、罰せられてもいい、たった八十年の生涯だ、現在さえよければいいのだと、刹那主義の暴挙に走る者もあるでしょう。いいえ、この刹那主義と快楽主義は、「人間は肉体」の物質主義的人間観に立つ者の胸の奥に隠された潜在する要素です。そこから「利己主義」の生活原理が出て来るのです。この利己主義こそ、個人も人類全体も不幸にする「不幸の生活原理」です。誰が見たって分かるように、利己主義は争いと混乱と破壊の因です。霊的に言えば、利己主義の邪心には邪霊が感応し、その個人を破滅に導くだけでなく、世界全体に邪霊をはびこらせ、人類全体を戦乱と破滅に導きます。

いま、この不幸の生活原理が地上に満ち満ちています。それは根本に「人間は肉体」の間違った人間観があるからです。

もし、ここで「人間は霊」の本当の知識が人間に広がれば、そこから、物質・肉体よりも心（精神）を大事にせねばならぬのではないか、他者への配慮をもたねばならぬのではないか、この二つの大事な要素への意識が生まれて来ましょう。これこそ、人類が、また個人が、幸福の生活原理へと半歩を踏み出す、その始まりです。

今から約二〇〇年ほど前に、ドイツにカントという哲学者がいました。近世最大の哲学者といわれる偉大な人でした。この人が、「天上の星々とわが胸の道徳律」という、有名な言葉を残しています。それは、この世でいわば神の現れと言っていいものが二つある、一つは天上にキラメク神秘の星、もう一つは人間の胸の中の道徳律（良心）ということです。こうして、カントは、人間とは欲望や誘惑をさけて、良心に従った生活をすべきだと教えました。

しかし、人生はままなりません。誠実に良心に従って生きた者は、しばしば現実生活で損をするのです。目先をきかしてずるく立ち廻った者の方が、得をすることが多いのです。つまり「正直者は馬鹿をみる」とはこのことです。カントにもこの事実は目に見えていました。ですから、このカントがふとこう洩らしました。カント「もし、死後の世界というものがなければ、人間の正義はあり得ないだろう」と。カントはは必ずしも、霊魂の存在とか死後の世界を学問的に承認したわけではありません。しかし、その胸の奥底には、こうした悲願が隠されていたのです。そうです、死んで人が裁かれて、正直者が報われ、不誠実な者が失うものがなければ、人生に正義はあり得ません。誰も、カントの言うとおりに、良心に従って生きようなどとは思わぬでしょう。

そうです。「人間は霊」であって、だから、物質や肉体よりも精神（心）を大事にしよう、他者への配慮をもってガツガツすまい。そう思ってカントの言う良心に従って生きようとする者に、開かれている確実な幸福への道が、肉眼では見えないけれど、たしかに在るのです。

これを今危機の時代に、肌で感じて教えてくれているのは、やはり小さな子供達です。次は、やはり私の住んでいる町の、小学校二年生の兼子洋介君が書いた詩です。

せかいの終りはあるのかな
終りがあるのなら
おかあさんが
子どもを生まないいんじゃないかな
終りがないんなら
ずっと子どもを
生みつづけるだろう

私はこの詩を読んだ時、ギクリとしました。前の小学校二年生の女の子の話と同じようにギクリとしました。子供達はまるで天使達のように、未来が分かるのですね。いいえ、肌で未来を感じ取る力があるのですね。これも、人類滅亡の危機感をハッキリ肌で感じているのです。だから、「せかいの終りはあるのかな」と、いま真面目な大人達が真剣に考え込んでいる問題を、いとも簡単に口に出すのです。しかし、子供は天使のように、大人よりもっと賢いのです。「おかあさんが子どもを生んでいる」のは、きっと人類に未来があるからなのだとも感じ取っているのです。そうです。今人類は危機の瀬戸際にありますが、たしかな一筋の救いの道があるのです。この子はそのことを大人達に暗示するために、この詩を書いたのかもしれません。

その確かな道とは?……「人間は霊」と知ることの次に、もう一つのことを知ることです。

二、「人生の目的は霊性進化」と知ること

肉体や物質よりも、もっと先に大事なものがあります。精神（心）です。自分のほかにも気遣ってあげねばならないものがあります。他者です。この二つを知る時、人間は物質主義人生観（利己主義）から、完全に離脱します。そのためには、「人間は霊」と知ることの次に、先ず「死後の世界」についての知識を持たねばなりません。

その第一は、「死後に裁きがある」という霊的知識です。宗教で言う、いわゆる閻魔さまの裁きです。生前に善業の者は極楽に入り、悪業の者は地獄に堕ちる、あれです。実際にそのような裁きがあります。この正しい知識を得た者は、「後は野となれ山となれ」式

の生活を止めて、すなわち刹那主義や物質主義の生活を反省して、心掛けを大切にしようと思うでしょう。つまり霊性進化（魂の浄化向上）の道へ目を向けるでしょう。

しかし、すべての人がそうするとは限りません。中には、死後の裁きなんてずっと先のことだ、それまでは現世の生活をとっぷりと楽しもうと、そう思う者も少なくはありません。

そこで、次に第二段の、他界についての霊的知識を伝えねばなりません。それは、「死後の世界は階層世界である」という知識。更に、死後人は魂を浄化させつつ、「永遠の進歩向上の道をたどる」という霊的知識です。

つまり、人は死後、生前の行いによって、極楽とか地獄とかに入れられるだけではなく、死後の魂の浄化いかんによって、どんどん高級の世界へと進歩を続けるということです。すなわち、死後の永遠に生きる霊の生活とは、無限の霊性進化の道であるという事実です。

もし、人がこの事実を本当に納得するなら、その人は「人生とは霊性進化が目的」なのだと感じ取るでしょう。これをスピリチュアリズムで申しますと、幽界・霊界・亜神界・神界へと、人は神に至るまでの道を歩むということです。それにつれて、幽体を脱ぎ、次に霊体を脱ぎ、すなわち第二・第三の死を経ながら、本体だけをまとった霊すなわち神々となり、あるいはその本体までも脱いで？　神界に入り神と全く一つになる、この無限の霊性進化が人生の道である、そういうことです。

　このことを知った人は、人間が神性であることの予感に震えて、おそらくひたすらに霊性進化の道を歩くかもしれません。これこそ、肉や物よりも大切なものが魂であることを知った、即ち、魂浄化の中に神となるダイヤモンドがあることを知った賢者へのコースです。

　しかし、すべての人がそうなるとは限りません。中には、いずれにしろ死んでからやっても遅くはなさそうだ。どうせ死後は永遠の霊性進化の旅らしいから、また神になる幸福と言ったって、死んでから先の彼岸の幸福のことだから、せめてこの八十年間だけは、面白おかしく現世の幸福を楽しむのも悪くはないんじゃないかと考えます。八十年といったって、無限の霊の生活に比べれば、ほんの一瞬ですから、せめてそれくらいはいいと心で感じてしまうのです。こうして人は、必ずしも、他界の正しい霊的知識を握ったからといって、まだまだ駄目な人も多いのです。

こういう人達には、どうしても、いま現在の生活が今現在の心の浄化いかんに左右されているという、もう一つの霊的真理を伝えてあげねばならないのです。それが「波長の法則」です。

スピリチュアリズムでは、人間の想念は波動であるということをとらえました。同じく、霊も想念であるから波動であるということを知りました。実はこれはたいへん重大な、いわば科学的といえる天地の法をとらえたものです。何となれば、この法則を知ることによって、人間の心の働きと、同じ想念である霊の作用とが、深くかかわっている事実が解明されたからです。

つまりこうです。人が善い想念を持てば、同じような波長を持つ善霊と感応し、その助力によって、人間の現実の生活も身体の健康をも含めて好転する。即ちいわば幸福な状態になるのです。反対に、人間が悪想念を持つと邪霊に感応し、その邪悪な作用を受けて、その人の現実の生活と健康も悪化します。即ち不幸災厄をうけるのです。ですから、人間の現実の生活の幸不幸、健康不健康を左右しているものは、本人の毎日の心掛けいかんであるということになるのです。

この大きな発見は、スピリチュアリズムが人類にもたらした偉大な寄与といっていいのです。何にしても、人間の幸不幸はなぜ生まれるのか、人間の運命は何によって動かされているのか、その原因を、それは人間の心の持ち方であるという点でとらえて提示してくれたからです。

この「波長の法則」を、スピリチュアリズムの歴史の中でも、最も具体的に詳細に伝えてくれている書は、いわゆる「赤本」（注：脇長生氏口述の『スピリチュアルな生き方原典』でくのぼう出版刊）であると私は思います。その意味でこの書はスピリチュアリズムの一つの金字塔、また脇長生氏はこれによって一つの業績を世に残されたものと考えます。

さて、もし人が正しくこの「波長の法則」を学び取るなら、その人の人生は一変するでしょう。何となれば、その人は「人生の目的は霊性進化である」と確信するからです。すなわち、死後霊のたどる道が絶えざる魂の浄化による、神に向かう永遠の向上の道であるだけでなく、現世の生活も魂の浄化により幸不幸が左右される、これまた霊性進化の道であると納得するからです。こうして、この法則を学んだ者は、生前・死後にわたる人生とは、神に向かう一本の霊性進化の道であることに、不動の確信を抱きます。ですから、この人の生活は一変するのです。

もはや、物欲や肉欲をもって幸福とせず、心の浄化をもって幸福と考えるからです。すなわち、物質主義価値観（利己主義・不幸の原理）の二つの欠点である、精神の軽視、他者への配慮のなさ、このうちの前者を振り捨てるのです。これは人生における、俗人の生活から賢者へのコースの分岐点ではないでしょうか。そのように「波長の法則」を知ることは偉大なことです。

さて、これでこの人が賢者になり得るかというと、どっこい、そうは簡単にいきません。これらの人の中には次のような三つの欠陥を現す者がいるからです。

①、精神主義・禁欲主義への偏向。すなわち、心の浄化を重んじるあまり、逆に物質や現実生活を軽視するのです。そのため、現実の生活活動に消極的となる欠陥。あるいは、魂の浄化に害になる酒や肉食や快楽を忌避するあまり、あれはいかん、これは駄目と、物事を否定的に見る暗い性向を帯びます。

②、自己に厳しいあまり、人にも厳しい、「人を裁く」傾向。そのために独善的で狭量な人柄となります。

③、自己一身の進歩を望むあまり、他者への配慮がおろそかとなり、そのために、最大の進歩の条件である奉仕や愛を欠き、そのために進歩は停滞します。

右の三つの特徴は、いずれも自己中心的な人生観の欠陥を露呈したものです。せっかく「人生の目的は霊性の進化」という、大切なダイヤモンドを握りながら、どうしてこうなるのでしょう。それは、精神の大切さを知っても、他者への配慮（愛・奉仕）を欠いているからです。言い換えると、物質主義価値観の二大特色、①精神の軽視、②他者への配慮の欠如。このうち、前者を克服しながら、まだ後者を克服し得ていないのです。せっかく霊的知識である、①人間とは霊、②死後の世界の知識、③波長の法則、の三つを知りながら、どうしてこうなるのでしょうか。それはこの人が、まだ一番大事な霊的真理を一つ学んでいないからです。いったいそれは何でしょうか。

三、「自己自身を神の子」と知ること

自己自身を知ることは世界でいちばん難しいことです。しかし、考えようによっては一番やさしいことです。何となれば、世界で一番自分に近いものは自分自身だからです。人が、愛とか奉仕とか、他者への配慮の心がないというのは、自己自身を知らないからです。すなわち一番根源のものは、言い換えると、人を物質主義価値観から切り離してくれる根源のものは、愛とか奉仕の心でして、それは自己自身が愛の権化である神の、その子であるという根源の事実を知らないことからくるのです。

そうして、この自己自身が神の子であるという根源の事実を知り得ないということは、その人が生命の根源の法を知らないことから来ているのです。いったい、その生命の根源の法とは何でしょうか。

それこそ、「因果の法」です。ごらん下さい。桜の花は桜の種子からしか開きません。梅の実は梅の種子からしか生りません。そうして、毒麦は毒麦の種子から生えてくるのです。このように、大自然の植物は因果の法を狂いなく示しています。

また、鶏の卵からは鶏が生まれます。決して鳩や雉は生まれません。同じくオタマジャクシからは蛙になるだけです。そのように、Aさんは Aさんの両親の受精卵からしか生まれません。Aさんの両親の受精卵から、B氏やCちゃんが生まれたら天地はひっくり返ります。

このように、この宇宙には因果の理法というものがあって、すべての生命を支配しています。ですから、因果の法は生命の法、すなわち根源の法です。また、因果の法は進歩の法でもあります。何となれば、宇宙の全生命は常に生々進化しているからです。人間も例外ではありません。人間の霊性進化とは実にこの因果の法によるのです。ですから、この因果の法がチンプンカンプンの人は、霊性の進化について殆ど知らない、すなわち進歩しない人と言えます。先程述べた、「波長の法則」を知った段階でストップして、まだ、この因果の法を知らない人は、やはり進歩しないのはここに原因があるのです。

貴方が「因果の法」をどれだけ知っているか、それをテストする方法があります。それは、「何事も人のせいにしない」、貴方はこれに対して「イエス」と答えますか、「ノー」と答えますか、または「半分くらい」と答えますか。これがテストです。

「ノー」と答えた人は、いつも愚痴を言って何事も人のせいにしている人です。この人は全く因果の法を知らない人で、進歩のない人、死後はよい所へ行けない人です。

「半分くらい」と答えた人は、おそらく、原因が自分にある時は自分のせいとし、原因が他人にある時は他人のせいにする、そういう人でしょう。こういう人は、前記の「波長の法則」を知った段階までの人で、進歩はしても、あるところまでくると停滞します。すなわち愛や奉仕には徹し切れないということです。それに、「半分くらい」と答えた人の中には、手前味噌の甘い点をつける人もいますから、これらの人達の進歩の段階はさまざまでしょう。すなわち、死後は幽界の下層の上の方から、中層、上層にわたっているでしょう。

さて、「イエス」と答えた人、すなわち「何事も人のせいにしない」と答えた人、この人達だけが因果の法の理解者、ですから自己自身を神の子と感じている人、従って、愛・奉仕に生きることを人生として生きている人達です。

因果の法とは、これを人の感じ方でいうと、「何事も人のせいではない」ということです。なぜそうかというと、現在の自分の環境、運命、出来事のすべては自分の播いた種から生まれたと知っている、ということです。

宇宙は神がお創りになりました。決して私個人や、A氏やBさんが創ったのではありません。また、自然現象とかいって放っておいたらこうなったというふうに（科学者はそう言っていますが）、私の喜びとか悲しみとか、聖者の犠牲の愛とか、恋人達が流す涙までも含めて、何となく出来たとそういうものではありません。

宇宙は神がお創りになりました。「光あれ」とおっしゃったら、光が生まれました。「天よ地よあれ」とおっしゃったら、天と地が生まれました。このように神の想念が種子となって、それが凝固して天となり地となり、星々となり花となり、動物や植物や人間となりました。種子とは想念です。創造力のエネルギーとは、天地にただ一つ、この神の想念エネルギーです。しかし、その同じ想念エネルギーが人間の中にもあるのです。神が土くれを取ってその中に息吹きを吹き込まれたとはこのことです。神の息吹とは神ご自身の生命、分霊、火花、すなわち創造エネルギー、想念のことです。

人間は神に似て創られたもの、小さな神、想念エネルギーを内蔵した肉体の殻を負う者。言い換えると、肉体の中に神ご自身が入っておいでになるものです。

ですから、人間は創造力です。その想念は神と同じく波動であり、この波動の及ぶところに、その波動の波長に応じたものをそこに凝固させます。ですから「波長の法則」は真理なのです。そのように、人間の善意が自分の良い運命、すなわち幸福な状況を創り、悪意が自分の悪い運命、すなわち不幸な状況を創り出すことは真理です。この人間の善意・悪意に応じて、宇宙の善霊と邪霊にそれが感応し、これら諸霊を連動させて、自己の運命創出に影響を及ぼさせ、それだけでなく、宇宙の進化に良い影響を与えたり、反対に悪い影響を与えたりすることも、霊的真理です。

右のようなわけで、自分の環境・運命・現在の出来事の一切は、自己の想念が種子となって生み出したこと、お分かり頂けるでしょうか。ですから、何事も人のせいにしてはいけないのです。それは間違いなのです。ですから、この「何事も人のせいにしない」人だけが、因果律を知った人です。この人は神の子と自己を知った人、愛と奉仕の人です。このような人は、一切が自分から出たと知っているから、どんな問題も他に責任を転嫁せず、どんな苦難にも他の人や物に依存せず、しぜんに自力・自律の立場をとります。これが「やる気」また「何とかなるさ」というゆとり、または「これでやれるのだ」という自信となります。自分が自分の一切を創り出したのだからまた、自分が自分の一切を創り変えることも出来るのです。この信念、このゆとり、この前進の意欲、これは神に通じるものですから、守護の神界組織（守護霊↓守護神↓神への連鎖）に波長が合い、その人の信じるとおりに運命は変わります。これが苦難の克服、カルマの解除、進歩です。ですから、因果律を正しく知ることは進歩すること、即ち、因果律は進歩の法です。

そんなことを言っても、難しいとか、分かったようでもなかなか実行にうつすまでにはいかない、とかいう向きもあるかもしれません。そこで、因果の法について、もう一歩つっこんでお話しします。

神界にアカシック・レコードというのがあります。これは宇宙生成進化の一切の記録をはじめとして、小にしては、人間ひとりひとりの生まれてから死ぬまでの全記録、及び、前生のすべての記録までを、事こまかに記録した記録簿です。ですから、A氏、Bさん、Cちゃん各個人につき一冊ずつの記録簿があると思えばいいのです。それには、その人の行為だけでなく、言葉、考えたこと、ふと思ったことの一切まで、一つも欠けることなく記録されています。私達が死後他界に入る時うける裁きの原簿となるのは、このアカシック・レコードです。

この記録簿に毎日記帳をされる担当の神々、カルマの天使たちがおられます。ですから、何一つ狂うことなく、何一つ失われることなく記録されます。そうして、宇宙のある限り消されません。

何のために、こういう記録簿があるのでしょうか。死後の裁き？　もちろんそれもその一つです。しかし、死後の裁きの後も永遠に残るのですから、もっと深い意味があるのです。

それには次の一事をご承知下さい。アカシック・レコードは、バランス・シート（貸借対照表）だということです。すなわち、経理の決算書です。つまり、一人一人について、前生から現生にわたる、また未来にわたっての、借と貸の決算をつけるための表だということです。

ですから、こうなっています。左側（借方）に、前生で「殺した」と書いてあれば右側（貸方）に次の生、または現世で「殺される」と書かれねばならぬということです。同じく、左側に「盗んだ」とか「だました」と書かれれば、右側の次の生か現世で「盗まれる」「だまされる」と書かれねばならないのです。これがバランス・シートです。すなわち、最後の決算で右と左が吊り合って、プラス・マイナス零になるということです。

アカシック・レコードにすべての事が記され、我々の行為・言葉・思想の何一つ失われることがないという本当の意味はこれです。私達は「殺した」者は、「殺される」ことで、「奪った」者は、「奪われる」ことで、「だました」者は「だまされる」ことで、一つ一つの罪の償いをします。また同じように、「人を愛した」者は、「愛される」ことで、「人に与えた」者は、「与えられる」ことで、寸分の狂いなく清算されます。生きるとはこういうことです。因果律の本当の意味はこれです。ですから、生きている八十年の間に、この決算はつかないので、そのために何度もの再生があるのです。再生を繰り返し繰り返し、最後の決算がプラス・マイナス零になるまでこれは続きます。もし、零になれば、その人の再生の要がなく神々となります。ですから、左の借方に何か黒い文字で書いてあれば、それがその人のカルマ（宿業）で、再生の度に、それが苦難の形をとって現れます。現世でその償いを一つ一つして、右の貸方に赤字でそれが書き込まれ、最後にそれが零になればその人は神々になったということです。

恐らく、私達はまだ多くのカルマを残していることでしょう。それを清算するために、私達は一大決心をして、あの世からこの世へと再生をしました。その時、残っているカルマの中から清算したいカルマを幾つか選びました。それがこの世に生まれてからの私達の課題です。それは思いがけない苦難とか、こっちが少しも悪くないのに一方的に降りかかって来る災苦のような形をすら取ります。この時、本当のカルマの意味を知っている人は、自分の播いた種と受け取って人のせいにしません。しかし、それを知らない人は、人に責任をなすり付けたり、なぜこうなったのかと悶々とします。因果の法を知る人と知らない人の違いはここです。そうして、人のせいにしない方の人は、一つも新しく罪を重ねることなく、自発心の発露で、守護の神界組織の援助を受けて苦難を解決します。これがカルマの解消です。反対に、人のせいにする人は、自分の作ったカルマの責任を他に転嫁したのですから、新しく「人に自分の罪をなすりつけた」という罪を、左側の借方の方に黒い文字で書き込まれ（これが新しいカルマをつくるということです）、しかも元々のカルマ（苦難）を解消しなかったのですから、この二つが重なって、次の再生の時のもっと大きなツケを残すことになります。はじめ、再生の時、自分の幾つかのカルマの中から、再生して自分が現世で果たすべきカルマを選んだ時、カルマの神がそれを審査なさって、「よろしい、貴方にはそれを解除できる資格ができている」とお認めになったればこそ、再生したのに、自分の苦難を人のせいにした人は、その資格があることをケロリと失念して、失敗するのです。ですから因果の法を正しく学ぶことは、失敗せずに早く進歩するための条件です。

しかし、世の中には、何ごとも神を信じない方向に物事を悪く見ようとする人達がいます。彼らは「成る程、因果の法は狂いのない決算表だということは分かった。すると、神は意地悪だ、憎しみの神だ」と言います。「そうではないか。我々の犯した罪には必ず償いがあるのだ。それは懲罰、一種の復しゅう・仕返しではないか」と言うのです。

ああ、信仰うすき者よと、ふと口をついて出そうになります。神がもし仕返しを望まれるなら、償いをするようにはなされますまい。我々が罪を犯したままに捨て置かれるでしょう。我々の罪は雪だるまのようにふくれて、罪の固まりとなり、邪悪霊の巣となり、いいえ私達そのものが邪悪霊、いわゆる悪魔となります。これら悪魔の中で最も悪にたけた者が支配者となって、私達小さな悪魔達をしたいように支配し、さいなむでしょう。暗黒の苦と永遠の地獄がそこにあります。

ですから、どんな小さな一つの罪にも、償いがあるという事は、素晴らしいことです。私達が地獄におちないという保障であり、悪魔に支配されないという保証です。それだけでなく、アカシック・レコードとは、自分の行なったどんな小さな善事にも、必ず良い償いがあるという保証でもあるのです。私達はこの明るい方の償いによって、良い報い、果報を得て幸福になります。償いとは、このように、私達を罪から救い幸福にするための、なくてはならない神の保障です。懲罰ではありません。神の愛です。

いったい、神は、毎日毎日時々分秒も休まずに、私達、一人一人の記録簿をおつけになるということはどういうことでしょうか。それは、記録簿をおつけになる目的は、最後の決算を誰一人も残らず「零」になさるということです。すなわち、すべての人々を神々になさるということです。このことがいったい、懲罰でしょうか。意地悪でしょうか？　全知全能であり、至福無限である、神ご自身と私達を同じ者にしようとされているのです。

私達、土くれ（物質である肉体）に、神の息吹（神のいのち）を吹き込まれて、創られた者、神の子は、因果の法によって神々になるのです。これこそ神の大きな愛です。

何のために、神の子を神々に、神はされようとなさるのでしょうか。神とは絶えざる生々発展です。神から霊宇宙が生まれ、霊宇宙から物質宇宙が創られ、その物質宇宙も無限に拡大発展をつづけます。神には、この展開し続ける宇宙の各部門の統御者が必要なのです。つまり、神の助手、神の手足となる神々の必要性です。とりわけ、物質宇宙には物質を統御できるベテランの神々が必要です。

私達が肉の衣を着けたのは、ここに意味があります。すなわち、神の子が肉体を着けて物質界に下り、物質についてのすべての知識を持つ者となって、物質宇宙を統御できる神々（新しい神）となるためです。私達はいわば、生々発展する神が、自ら物質宇宙を統御するために、自らを肉体の中に埋めて、新しい神となろうとしておられるお姿です。

物質宇宙を統御するためには、物質についての全知識を得なければなりません。そうして、このような知識はただそれを経験することによって得られるのです。神は、この知識を得るために、自らを肉体の中に埋められただけではありません。因果律、すなわち貸借対照表を作って、微細な点まで経験し、それを清算する者とされたのです。

「殺す」ということが何であるかを知るためには、「殺す」だけでは駄目です。「殺され」てその痛みを知ることによって、二度と「殺さぬ」者とならねばなりません。同じく、「奪う」ということの意味、「だます」ということの意味、あるいは「与える」ということの意味、また「愛する」ということの意味を知る者となるために、神は私達神の子に、ひとしく一枚ずつのバランス・シート、即ち「アカシック・レコード」をお与えになりました。

この宇宙にある原理は、「経験によって知る」、ということです。この「知る」ことのためにあるのが、「何一つ失われることのない」バランス・シートの意味です。私達はこのアカシック・レコードの左と右に文字を書き記し、帳尻を「零」にするために生きています。これが、生きるということの意味です。すなわち、神の子である私達が新しい神（物質宇宙を統御できる神々）となる作業、これが私達の生、私達の前に引かれているコースです。

ですから、神は私達神の子を、物質世界の辛い旅に出しておられる親です。バランス・シート（因果律）は、必ず戻って来れるようにするための保証書（愛）です。ですから、神は愛です。限りなく、いとし子に、涙を浮かべて辛い旅に出され、先の先まで案じて、ひそかに天界に保証書をかくしておられる親です。この神が愛であり親であることを知るとき、人は自分が神の子であることを確信します。このことは、因果の法を正しく知ることからそうなるのです。ですから、因果の法は愛の法であり、進歩の法であり、すなわち生命の根源の法です。

四、奉仕すなわち人生

自分が神のいとし子であると知った者は、人生は奉仕であると悟ります。それは論理や理屈ではありません。実感です。なぜかというと、自分が神々になるのは一人ではなれないからです。殺されてくれる人があって、私は人を殺すことが出来ます。また、私を殺す人があって、はじめて私は殺されます。これで私は「殺す」ことの意味を知るのです。二度と殺すことのない、神々へとなるのです。しかし、殺された人は、殺された無尽の悲しみを味わいます。また、殺した人は、殺したことによる地獄おちの苦を背負います。私が神になるために、他者は、殺される悲しみと、殺して地獄におちる苦を背負ってくれるキリストであります。菩薩であります。このような菩薩やキリストに、お返しをせずにどうして私がじっとしていることが出来ましょうか。

ですから、人生は奉仕です。私を神々にして下さるための、無数の神の化身である、キリストや菩薩の他者達への報恩です。また同じように、植物や動物、また石ころや土たち。この物質界の舞台がなければ、私は決して新しい神へはなれないのです。ですから、人生はまた、石ころや、土くれや、植物や、動物たちに対する報恩です。即ち、それらをいたわり育てる化育です。

私は目に涙して、私の辛い物質界の旅を見ておられる、神の顔を忘れません。無数の他者のキリスト達と、無尽の化育すべき土と植物と動物の素顔から目を外らすことも出来ません。もしそうであるならば、人生とはまた、神がまさしく私にお命じになった、「新しい神になれよ」の言葉を、いま直ちに実行する者でなければなりません。すなわち、及ばずながら、死力でただ他者への奉仕を通じて、神がみ心に念じておいでの宇宙の生々進化の片棒を担ぐ者でありたいものです。このいわば神の子としての使命感からも、やはり人生とは奉仕です。

私達が因果律によって、自分の犯した罪のツケを支払うことによって、神にして戴くこの人生とは、また考えようによっては、神が「私」という媒体の中に一時お住みになって、また神ご自身におかえりになる、神の一日の旅であるかもしれません。そうだとすれば、私達の言葉・想い・行為はすべてが神のものです。そうであらねばなりません。そうして、先ほど述べましたように、人生とは、(神の一日の旅の中で考える時)、それは他者への報恩であり、他物への化育である、すなわち人生即奉仕である。(それが神のみ心でしょう。)すると、右に記した「神のすべてのもの」である、私の言葉・想い・行為は神性の発露です。その他にはございません。ですから、この一日の旅の中で、私達が真に生きるとは、奉仕に生きることであり、それが即ち神性の発揮です。

ですから、奉仕こそが神性の発露。すなわち、神そのものと一つであること。これこそが人間の最大の進歩であり至福です。私は、私が新しい神になるもって生まれた使命のためにも、進歩と幸福そのものである奉仕を人生と感じます。

人生には何一つ自分のためだけにあるものはありません。何かそのようなものがあると思うことは錯覚です。他者と他物と、すなわち神の化身たちへ奉仕することによって、父である神に仕えることがあるだけです。世界が自分のためだけにあると思っていたこと、世界が自分とか、自分の家族とか、この地球を中心に廻っていると思ったことは、すべて錯覚でした。神を中心に世界はあるのだから、その時、自分も自分の家族もこの地球も、安心してその周りを廻ることが出来るのです。見方を変えれば、世界があるのは、私を神にするために世界があるのです。それは私が世界に自分を捨てて奉仕するときに、初めて世界が私のためにあるのです。このことは一つの事です。なぜなら、私と世界は一つ、神は世界だからです。これが「世界が私のためにあるのでなく、私が世界のためにある」ということ。これが最後に人々にお伝えする霊的真理です。

●第三章……心霊研究発生の意味

一、「心霊研究の発足」は神霊界の大事件

明日は三月三十一日です。今から一四〇年前の明日、つまり一八四八年三月三十一日に、アメリカのニューヨーク州ハイズビルという小さな村のフォックス家で、世にも不思議な幽霊事件が起こりました。実はこれが発端となって近代心霊研究が発生しました。ですから、この三月三十一日を「心霊研究発足の日」と私達は呼びます。実は、この日が重大な意味をもつ人類の記念日であることは、次の言葉を読まれれば察しがつくでしょう。実は明日、霊界では次のようなお祝いが行われるのです。次に記すのは、「フォックス家事件」から約三十年ほど後の三月三十一日に有名な霊界通信スティントン・モーゼスの『霊訓』、このモーゼスが霊界から受信した『続・霊訓』の中にある一節です。

「沢山の霊達が今夜は活発に動いている。本日が偉大な記念日ということだから。近代スピリチュアリズムの開幕当初、高級霊達の強力な霊力が地上へ注がれ、ここに霊交が開発され、顕幽両界をつなぐ橋が懸けられた。……霊達はこの記念日を守り続けている。

スピリチュアリズム、我らはむしろこれを霊界からの声と呼びたい。それは真理に飢えた多数の魂の叫びに届く回答である。」

ですから、明日も、霊界ではこの同じお祝いが盛大に行われるでしょう。私達もこれにあやかり、本日ここに記念講演会を開いたのです。

しかし、何故に、霊界ではこの三月三十一日を記念するのでしょう。つまり、これから発足した心霊研究をそれ程までに重くみるのでしょう。それは「顕幽両界をつなぐ橋が懸けられた」からでしょう。それは重大なことです。「霊界からの声」が人類に届くようになったのですから。それによって「真理に飢えた多数の魂の叫びに、回答」が与えられるようになったのですから。これは驚天動地の人類史上の出来事です。

いや、勿論それはそうですが、霊界にとっては、それ以上に祝うべき記念すべき理由があるのです。それは何でしょう？……実は、この「心霊研究の発足」こそは、神界・霊界がこぞって立案した大計画に基づく事業の実現だったのです。そのことは、シルバー・バーチの次の言葉で察しがつきます。

「この百年の間に、微細な点まで計画されたプランに従って、ある種の組織的な努力が、われわれ霊界の方から推進されたということは、厳然たる事実です。今回は霊的真理は地上に来て止どまり、地上の何ものもこれを妨げないということは決定的です。」

これはフォックス家事件から百年くらいたった後のバーチの言葉です。これをもってフォックス家事件はもとより、心霊研究そのものが、霊界からの計画、そうですシルバー・バーチ等、神命を受けて活動している、その背後にある神界の計画であったのです。であればこそ、今もその祝祭が三月三十一日に霊界で行われるのです。そのことを裏付けるもう一つの通信をモーゼスの『続・霊訓』の中から記します。

「ベンジャミン・フランクリンが叩音による霊交の方法を発見したこと、またこの事の関心を霊達にひき起こさせる点で、大いにスエーデンボルグの援助を受けたこと、これは真実である。」

フォックス家事件の怪奇心霊現象は、叩音（ラップ）、つまりコツコツという不思議な音による幽霊現象だったことは周知のことです。この叩音通信法を発見したのが霊界にあるフランクリンで、これを援助して、この叩音怪奇心霊現象をフォックス家事件として生起させるのをサポートしたのが、やはり霊界にあるスエーデンボルグだと、この通信は裏話を打ち明けているのです。

フランクリンとスエーデンボルグは共に、フォックス家事件以前六十〜八十年前に他界しており、この後には『霊訓』のインペレーター霊団の四十九名の団員として参加しています。恐らくこの功で参画したのか、あるいはこの時既に霊団は成立しており、その任務遂行の一端としてこの発見をしたのか、どちらかでしょう。

ベンジャミン・フランクリンはアメリカの偉人で、「時は金なり」の金言を生んだ経済思想家、アメリカ独立戦争でフランスを説得して味方にひき入れ、勝利に導いた政治家、また、避雷針やハーモニカを発明した科学者でした。この発明発見の才があればこそ、霊界に入っても、画期的な叩音通信法を発見し得たのでしょう。

フォックス家事件はご承知のとおり、コツコツという世にも不思議な騒音で世間をわき立たせた幽霊事件です。フォックス夫妻と、十四歳のマーガレット、十二歳のケートの二人の娘が住む小屋で起きた事件です。あまりうるさいので疲れきった家族は、三月三十一日は夕方早くから床につきました。またコツコツ叩音が起こります。もう馴れ切った二人の娘はたわむれに、「お化けさん、私の手を打つ数だけ音をたててごらん」と手を鳴らすと、本当にその数だけ音が返りました。驚いた母親が、「私の子供は何人?」と聞くと、七つの叩音が起こります。そのとおりです。「ではその子供達の年齢は?」。長子から順に正しく叩音でその年の数だけ打ち、最後は三つでした。そうです、末子は三歳で死んでいたのです。すっかり驚いた母親は近所の人達を呼び集め大騒ぎになります。叩音はいわばモールス信号のようなものです。その結果、叩音の数を元に文字がつづられ、大様次のような通信文が得られました。

「私の名はチャールス・ロスナ。行商人。五年前にこの家の二階で殺され地下室に埋められた。五〇〇ドル奪われた。犯人は裁判にかけられることなく処罰されないだろう。」

そのとおりで、地下室を掘ると、少量の人骨と髪の毛が出ました。（約五十年後には、同じ地下室の壁下から、殆ど完全な人骨と、ロスナの持物であるブリキ製の箱が出ました。これで殺人は完全証明されたわけですが、既に、犯人であると思われたこの家の前々居住者ジョン・C・ベルは死亡しており、通信のとおりに「犯人は裁判にかけられることなく、処罰されな」かったのです。）

この事件がなぜ近代心霊研究の発端になったのでしょう。叩音現象だから、多数の人に客観的に聞こえたのです（そうです、数百人の人が聞いています）。しかも、叩音通信により通信文をつづることが出来ました。それがちゃんと証拠を残し、死者の死後生存（霊魂の存在）を暗示することが出来ました。叩音通信であればこそ、客観的な通信文を残し得た（幽霊を見たとか、神がかりの霊言では、おおかたその場かぎりで消えます）。また、叩音は客観的に人の耳に聞こえた。ですから、噂を聞いて毎日多数の人が押しかけ、センセイショナルな騒ぎになり得たのです。しかも、霊魂の存在の証拠まであがったのですから。

それに、フォックス家事件の画期的な歴史的な意義は次のことです。二人の娘の存在。実はこの娘達がいないと叩音現象は生起しないのです。つまり娘達は霊媒体質だったのです。言いかえると、心霊現象はそこに霊がいるだけでは起きない、霊媒がそこにいて初めて生起するということです。ですから、この霊媒さえいれば学者の実験室の中でも、霊魂を呼んで心霊現象の実験を行うことが出来るということです。

フランクリンとスエーデンボルグの叩音通信法が、どんなに画期的なものであったかお分かりでしょう。霊魂の存在を暗示しただけではありません。学者による実験室での心霊実験を可能にしたのです。

世はまさに科学時代、十九世紀の後半です。科学のメッカ、イギリスへ心霊熱は及び、ここに科学者達による科学的な心霊現象の研究が開始されました。これが近代心霊研究です。たとえば、ダーウィンと同時に同じ進化論を発表したウォーレス、元素タリウムの発見者クルックス等の実験研究。特にクルックスは完全な物質化幽霊、それもとびきりの美人ケーテー・キングの写真を四十四枚も実験室で撮り、霊魂の存在を裏付けました。また、一八八二年には英国心霊研究協会（ＳＰＲ）が設立され、当時一流の学者達が集まって研究しました。

こうして、学者の手によって学問的に、人間の死後生存が裏付けられていったのです。では神界の大計画のねらいは、この死後霊魂の存在の立証にあったのか？　それはその第一の目的はそうだったでしょう。しかし、神界の計画の本当の目的は、もっと先の方にあったのです。

二、何のための神界の計画だったのか

実は、心霊研究の足どりを見ていきますと、次のことに気付くのです。初期の頃は抜群の物理的心霊現象の霊媒が輩出して、物理的な面からの心霊研究が集中的に行われたのです。たとえば、空中を飛んだり、ストーヴに頭を突込んでみせたりした、D・D・ホーム。ケーテー・キングの全身物質化現象を繰り返し生起させた、フローレンス・クック。重たいテーブル等を天井まで浮揚させた、ユーサピア・パラディノ。まだまだあります。こういう実験研究を通じて霊魂の存在や作用が、大いに解明されました。

ところが、時代と共に、こういう物理的現象の霊媒に代って、主観的・心理的な現象

（霊言とか自動書記など）の秀れた霊媒の方が沢山出るようになったのです。たとえば、SPRで繰り返し実験した霊言霊媒パイパーやレオナードなど。そうして、一九二〇年頃からは、秀れた物理的霊媒は激減し、代って心理的な秀れた霊媒は相変わらずつづく、そういう状況に変化したのです。

優れた素質をもった霊媒が出るか出ないか（生まれるか否か）は、人為的なものを越えた、霊的な、神界の操作というべき背後の事情があります。即ち、シルバー・バーチの「この百年の間に、微細な点まで計画されたプランに従った、……われわれ霊界から推進された」方針にそのような変化がみられるのです。つまり、霊魂存在の立証の段階を終り、むしろ自動書記や霊言を通じて、霊からの教示に重点が置かれるようになったのです。こうして、優れた霊界通信の数々が受信されるようになったのです。

古い順に、世界でも屈指の霊界通信を列挙します。アラン・カーデックの『霊の書』（これだけは例外で物理的なテーブルターニング、一種の叩音による通信です。時代が一八五〇年代、つまり心霊研究開始直後だったのです）。S・モーゼスの『霊訓』『続・霊訓』（自動書記。一部は霊言。一八七〇年代）。カミンズの『永遠の大道』『個人的存在の彼方』（自動書記。一九二〇年代）。モーリス・バーバネルの『シルバー・バーチの霊言』（霊言。

一九二四年より五十余年間）。グレース・クックの『ホワイト・イーグルの霊言』（霊言。一九三〇年頃より、約五十年間）。

これらはいずれも神命によって、人類に新しく霊的真理を伝えるための、霊団による新啓示運動です。ということは、心霊研究発生の本当の目的は、この新しい啓示運動の展開にあったということです。そうして、これら心霊研究と、これら新しい啓示に立脚してスピリチュアリズムが成立しました。そのポイントは七ヶ条の「スピリチュアリズム七綱領」となり、今や全世界のスピリチュアリストの間に知られています。つまり、神界の大計画とは、フォックス家事件を発端として近代心霊研究を発足させ、霊魂の実在を立証させつつ、最終的には新啓示運動を展開させて、スピリチュアリズムを成立させる、ここにあったと言えます。

本当にそうか？　そんなにスピリチュアリズムとは重大なものか？　神界の大計画として百年それ以上もかけて、「微細な点まで計画されたプランに従って」遂行される価値のあるものか？　そうです、まさにそのとおりです。というのは、これこそ人類三〇〇〇年の古くからの預言を実現させる大事業だったのですから。

三、スピリチュアリズム成立はなぜ大事業か

人類史の中で、最大の預言は何かというと、救世主降臨に関する預言でしょう。それは古くから諸民族の間にそうしたものがあるからです。三〇〇〇年以上も前のゾロアスター教に始まり、二〇〇〇年以上も前のユダヤ教や印度のギータ、更にはキリスト教、下ってはイスラム教の中に、同じようなものがあります。キリスト教では、『ヨハネ黙示録』によると、人類の終末に「ハルマゲドン」という善悪の大決戦があって、地球全土が破壊され、そこへイエス・キリストが再臨して「最後の審判」を行い、生者も死者も呼びおこされて天国と地獄に振り分けられるというのです。

シルバー・バーチは「ハルマゲドン」や「最後の審判」は誇張であって嘘だと言っています。しかし、「イエスの再臨」は真実だと語っています。すなわち、いわゆる「救世主の降臨」は真実だというのです。すなわち、スピリチュアリズムの成立は、この「イエス再臨」と深い関係にあるのです。言いかえると、イエス再臨の事業の眼目がこのスピリチュアリズムの形成にあると、まあこういうわけです。

『続・霊訓』で、霊団の団長インペレーターはこう伝えます。「キリストの再臨は事実で

ある。ただ、それは（肉体をもって地上に出現するのではなく）霊的再臨である」「今や、キリスト再臨の預言は成就されつつある」と。

ホワイト・イーグルはこう告げます。「今、世界の導師（救世主）が人類の傍まで来ています。」（多くの弟子達を従えて）「すでにその多くは地上にあり、導師降臨の準備中です」と。

いったい、救世主は何しに地上に降臨するのでしょうか。インペレーターは「われわれが地上に来たのは、キリストの霊的再臨に備えて道を整えるためである」。つまり『霊訓』『続・霊訓』はその準備だというのです。そうして、彼等四十九名の高級霊の霊団の奥にはエリヤ（ヘブライの偉大な預言者）があり、更にその奥にイエスがあって、「イエスはこの新しい仕事の長である」と打ち明けています。つまり、『霊訓』などの伝えるスピリチュアリズム形成の最も奥にイエス・キリストがいるということです。

これは、シルバー・バーチの指摘と符合しています。「スピリチュアリズムの名の下の大事業の総指揮をとっているのはイエスであることを、私は知っている」と。また「連帯関係にある霊団は幾つもあり……その全体の総指揮に当たっているのがイエス」。これで見ると、バーチの霊団、インペレーターの霊団、その他の新啓示運動の諸霊団の一番奥にイエスがいる。言いかえると、イエス・キリスト（いわゆる救世主）降臨の直接の目的はスピリチュアリズムの形成。別言すると、心霊研究の発生、新啓示運動展開の神界の計画とは、このイエス再臨、つまり古来の預言の成就にあったというわけです。

このことを、『続・霊訓』は「イエスが地上時代に始められた仕事のための再臨」と言い、同じようにシルバー・バーチも「ナザレのイエスが始めた仕事の延長ともいうべき、スピリチュアリズムの名の下の大事業……」と指摘しています。

これは注目すべき事ではないでしょうか。「今、キリスト再臨の預言は成就されつつある」という、歴史上の大預言の実現とは、実にスピリチュアリズムの形成、そう言えます。

「そんな馬鹿な！」と信じない人のために、次の『続・霊訓』の言葉をつけ加えます。「人間の間によみがえるのは、歴史上のイエスでなく、キリスト原理である」と。つまり、「イエス・キリストとは肉体をもってキリスト原理を表現した人間」のことであり、今回もそのイエスが霊的に再臨して、この「キリスト原理を地上に復興」する大事業をしている、ということです。

さて、「キリスト原理」とは何でしょうか。ホワイト・イーグルによると、キリストとは太陽神霊のことです。その分霊が私達の中に一つずつあります。これが内在の神性です。そうして、太陽神霊の本質は「愛」です。イエスとはこのキリストの神性である愛を、最も完全に肉体に表現した人間ということです。従って、「キリスト原理」とは愛です。イエスの再臨とは、このキリスト原理「愛」に基づく人生指導原理を地上に確立するための再臨ということです。従ってその仕事は、『続・霊訓』によると、「誤り伝えられた過去の粛清」（キリスト教の中でドグマとして歪められたイエスの教えを捨てさすこと）。「及び、新しい啓示の伝達」（近代人にふさわしい形での啓示の伝達）。「これによって、イエスに従う者達を一つにとりまとめること」（イエスの教えの本質である「キリスト原理＝愛」に従う者達による新時代をつくること）。以上です。

　従って、イエス再臨の目的とは、いわば今ここに体系化されているスピリチュアリズム、その中に丸ごと込められているのではないでしょうか。即ち、愛に基づく人生指導原理これです。

　さて、人類の預言に言う救世主とは、このイエス再臨のことかどうか。どうぞ、そういう「人」にはこだわらないで下さい。もう一度『続・霊訓』の言葉を記します。「人間の間によみがえるのは、歴史上のイエスでなく、キリスト原理である」。ホワイト・イーグルも次のように念を押します。「此の世には唯一つの生命の光があるだけです。キリスト教ではこれをイエス・キリストと呼びます。過去、ナザレのイエスを通じて、この生命の光は輝いた」からです。そうして大切なことは「導師の〔人〕にあるのでなく、彼を通じて輝く神光にあるのです」と。

いま、スピリチュアリズムという形で、イエスの霊的再臨の形で、「キリスト原理」すなわち、私達地球人には宇宙神ともいえる神性の原理が、地上に啓示されつつあります。これこそ神界の計画ではないでしょうか。

四、キリスト原理は、いま、なぜ地球に必要か

イエスは今なぜこの時代を選んで再臨したのでしょうか。言いかえると、神界はなぜこの時代に新啓示運動を展開させる大計画をたてられたのでしょうか。

その答えは、私があらためてここで述べるまでもなく、自明なことです。シルバー・バーチによると、「いま、人類は物神（マモン）信仰におちいり、唯物主義が生み出す癌である利己主義によって、地上に一切の不幸を生み出している」と。だから「人類はいま危機の十字路に立っている」のです。神界はすでに一四〇年前に、このことを見通しており

れたということです。そのための救世主降臨、つまり、新啓示運動＝スピリチュアリズムの成立だったのです。まさしく、スピリチュアリズムは唯物主義の棺に打ち込まれる釘です。すなわち、唯物主義の生み出す不幸の原理である「利己主義」の古い生活原理に代って、「愛＝奉仕」に基づく平和と幸福の新しい生活原理を地上に打ち立てようとする仕事です。ですから、それはまさしく「危機の十字路に立つ」現下の、いわば終末的症状にある人類の救済、そこに神界の計画は当初からあったのです。

しかし、シルバー・バーチは次のように言います、「この大事業の計画は遠い昔に立案された」と。すなわち、一四〇年やそこらではなく、もっとずっと遠い昔だと言うのです。

さて、『続・霊訓』のインペレーターはこう言います。「今、諸君が見ているのは新時代の夜明けである。それは単なる時代の変化ではない。人間を霊的方向に進歩開明させようとする、我々の首尾一貫した計画の一部である」と。このことをバーチは次のように言いかえます。「私達が地上に降りて来たのは、人々に霊的生命の秘義（霊的真理）を伝えるためである。この真理が地上に広がれば、戦争や革命にもまして、一大変革が地上に起こることになる。それは魂の変革である」と。

すなわち、神界の計画である新啓示運動とは、この人類の「魂の変革」、すなわち、霊的真理に基づく「新時代の建設」です。単に人類の終末的危機からの救済ではなく、人類に新しい夜明けである、霊的真理の新時代を到来せしめることにあったのです。ですから、それはたかだか一四〇年前からの計画ではなく、ずっと古い昔からの大計画だったのです。

ですから、三〇〇〇年以上も昔からの、救世主降臨の預言と、このたびの新啓示運動とは深くかかわっているのです。こう思ってみてくると、いま唯物主義による人類の危機は、いわば神の計画の中の一部分と言えなくもないのです。すなわち、「神のものであるものは、犠牲なしでは、何事も成就しない。人は涙をもって、建設を贖いとらねばならない。大きな物質的不幸が来て、初めて人は霊的なものへ、心を向け始める。あらゆる物質的なものが倒れて後、初めて、人は一本の藁を求める。」（シルバー・バーチ）

人類史は人間が自分の手で創るものです。しかし、その底には神の大いなる意志が働いていましょう。すなわち神の子らを神々にするための神の遠大なご計画です。ですから、現下の人類の終末的危機は、唯物主義という人間が自分の手で創り出した害毒による危機ですが、その裏に「大きな物質的不幸が来て、初めて人は霊的なものへ、心を向け始める。あらゆる物質的なものが倒れて後、初めて、人は一本の藁を求める」、これです。危機はすなわち偉大な霊文明時代への幕開けです。

従って、神のご計画とは、遠い昔からこの霊文明新時代の到来のために準備されていたのです。

イエスが、今の時代に再臨したことは、二〇〇〇年前にヘブライ人の間に出現したことと直接つながっています。同じく、釈迦が二五〇〇年前にインド人の間に出現したことも、今日のイエス再臨、ひいては新時代の建設と深くかかわっています。

即ち、新時代の建設とは「東西文明の融合統一」にあるのです。交通・通信・情報などが一つとなることが出来た科学の現代にあって、東洋人も西洋人も、全世界のすべての者が交流し同じ一つの文明を持つことが可能となります。神はこの時期を、「東西文明融合統一」の時代と、予定されておかれたのでしょう。

従って、二〇〇〇年前にイエスにより、西洋文明の核となるキリスト教を、ヘブライ人の間に作らされました。それより五〇〇年前に、将来、東洋人の魂の拠り所となれる仏教を、インドの地に釈迦によって作らされました。これら世界の二大宗教は、長い間に歪められひねこびれ、とてもイエスや釈迦が伝えた神の真理の一面ずつとは、およそ似ても似つかぬものとはなりましたが、とにかく、西洋と東洋の二つの魂の形成に役立ち、また二つの人類のもつ特色を今日に伝え得たのです。

魚座の時代は、人類がそれぞれの理想をかかげ、主義や団体の形で、それを守り発展させていく時代です。イエス誕生の頃から二〇〇〇年間がこの魚座の時代で、この時代に、東洋と西洋の二大宗教が形を整え、それぞれの特色をこの中に込め、守りつづけてきたのです。しかし、それは主義であり団体であり、他と対立孤立していく行き方をとるために、どうしても偏狭さや歪みが出来てしまうのです。

いま水瓶座（アクエリアス）の時代に半歩入っています。この時代はすべてが融合され統一され、愛と平和と霊文明へと花咲く時代です。この時代に、今まで持ち続けられてきた東西の文明も一つに統一されます。この文明統一の中で、一番大切なことは、東洋と西洋の魂の交流統一です。そうして、その魂とは東西の宗教の中に込められています。ですから、いま、キリスト教と仏教の融合統一が実現されようとしているのです。イエス再臨の本当の目標はここにあります。

イエスがヘブライ人の間に誕生したことは大切なことでした。ヘブライ人にはユダヤ教という、超越的な唯一絶対神（ヤーヴェ）の信仰があったからです。イエスはヤーヴェを愛の神とし、ここに「神は愛」というキリスト原理の根幹を打ち建てたのです。これはキリスト教の中で歪められ、神が愛なのは、その独り子であるイエスを人類の原罪を贖うために刑死させたから、などというドグマにされてしまいました。しかし、それにも拘わらず、「神は愛」の一番大事なキリスト原理を守り続けてきたのはその功績です。惜しいかな、ユダヤ教の中にある「原罪説」のために、神の愛がドグマで説明されてはしまいましたが、しかし、どうしても唯一絶対神（根源の神）の愛を人類の間に打ち立てるためには、この絶対神信仰をもつヘブライ人の間にイエスを下すしか仕方がなかったのですから。

釈迦はイエスより五〇〇年早く、インド人の間に下らされた、やはりイエスと同じ高級霊です。イエスの「愛の宗教」に対して、「悟りの宗教」として仏教をつくり、同じ神の真理を別の面から説きました。その中で、キリスト教にはない大切な人類への二つの真理の遺産を残しています。一つは「内在の仏性（神性）」、二つ目は「輪廻転生（因果律）」です。この二つをイエスも言った筈ですが、キリスト教のドグマによって、前者「内在神性（人間は神の子）」は完全に否定され、後者「輪廻転生（生まれかわり）」も無視されました。

釈迦は仏教によって、大事な大事な「人は神の子」と、「輪廻転生」という完全な因果律を人類に残したのは大きな功績でした。しかし、仏教では、キリスト教ほどには愛の実践（奉仕行為）が出てこないのです。釈迦も慈悲とか布施とか菩薩行とかの意味でこれを教えたのですが、仏教では、どうにもこれが弱いのです。このことは、「キリスト原理」の核心が「愛（奉仕）」であることからするとき、だいぶ仏教の弱点です。なぜ、釈迦の教えにも拘わらずそうかというと、「人生は苦」という考え方が仏教にあるからです。釈迦は「諸行無常（現世ははかないもの）」という意味で、「人生は苦」と言ったのですが、その裏には、「色即是空（現世を無常と悟るとき、その裏に涅槃、即ち不滅の至福がある）」と教えたのです。しかし、仏教の一般の傾向はやはり「人生は苦」と思われ、そのために、現世の生活活動に消極的な、すなわち奉仕活動に積極的になれない弱点が出たのです。

このことの原因は、釈迦にはなく、実はインド人の伝統にあります。インド人には内在の神性（アートマン）と輪廻転生の信仰とともに、「人生は苦」の考え方がありました。それは真の自我であるアートマンが、宇宙の大霊ブラーフマンと合一することを理想とし、現世に輪廻転生することを苦と考えたからです。釈迦はこのインド人の間に布教したがゆえに、仏教に大事な、内在神性と輪廻転生を東洋の遺産として残すことが出来ました。しかし、人生を苦とするインド人の特性によって、愛（奉仕）の肝心な点がうすめられました。

さて、神のご計画はこれで良かったのです。イエスも釈迦もそれぞれの神命を果たすことが出来ました。すなわち、キリスト教により、「愛」が、仏教により「内在神性（神の子）」と「輪廻転生（因果律）」の二つが、人類に伝えられ得たからです。

今や、この両者が融合統一されるべき、アクエリアス時代です。その統一の仕方は、「愛」を核心とし、この神の愛を支えるものが、もはやキリスト教のドグマではなく、内在の神性と因果律です。この三者によって、まさしく神が愛であることが説明され、人はその神の子、神の子の人生の道は愛（奉仕）であることが確信できるのです。

イエス再臨の事業とは、アクエリアス時代の宗教の核となるべき、この東西の宗教の融合統一です。この新宗教の核心は、太陽神性であるキリスト原理、すなわち「愛（奉仕）」ですから、隣人愛の宗教の創始者イエスに最もふさわしい役割です。といって、釈迦がこれに全く従属するという意味ではありません。人類のアクエリアス期の宗教原理を樹立する使命は始めからイエスに与えられていたのです。釈迦はその友人の高級霊として、側面からこれを援助していたのです。

しかし、いま、イエスが再臨して、わざわざ既にカビやホコリの付いた仏教とキリスト教を握手させて、東西の融合統一をするということではありません。すでに東西が融合統一されたそのヒナ型が作られています。それがスピリチュアリズムです。これこそ、イエス再臨の目的であり、また、少なくともこの三〇〇〇年来の神界の大計画の決算書です。

私は、いま、救世主降臨の事業が、すなわち神界の大計画のすべてが、スピリチュアリズム一つだなどと言うつもりは全くありません。その事業は、すなわちアクエリアス時代の、「キリスト原理」に基づく救世主の仕事は、政治・経済・外交・学問・芸術の全分野に及びます。その中の一つが宗教です。そのヒナ型がスピリチュアリズムだと言っているのです。ただし、宗教は文明全般の基部です。その時代の人間の価値観や生活原理となるものですから。これがスピリチュアリズム、その仕事がイエス再臨とかかわっていると、こう申しているわけです。

『続・霊訓』から、スピリチュアリズムとは何か、についてその言葉を記します。「かつて啓示されたすべての宗教の理念は、今やスピリチュアリズムの名の下に集められ、一つの統一体に集約されている」「スピリチュアリズムとは宗教的な教えの体系である」。以上は、私がこれまで述べてきたことと符合しています。なかんずく、世界の二大宗教であるキリスト教と仏教の人類的遺産の部分、「愛」を頂点とする、これを支える「人間神の子」及び「因果律」、この三者の一体化、体系化です。

しかし、スピリチュアリズムが唯一つ、神の霊的真理の占有物だと、そう思われては困るのです。この点、シルバー・バーチは次のように明確に述べています。「スピリチュアリズムは宇宙の自然の法である」「私達は自然の法を説く、唯この自然の法を。人はこれを名付けてスピリチュアリズムと呼ぶかもしれない」と。

このように、スピリチュアリズムとは宇宙に瀰漫（びまん）する法をとらえたものです。特定の「〇〇主義」と言われるような、他の主義や、他の宗教や、または宗教全体、科学など、学問全体と対立する、特定の主義ではありません。どこにでも在る霊的真理の体系ということは、他の主義、他の宗教、他の学問・芸術、または人の生活や経済、政治の中にもそれは在るということです。故に「スピリチュアリズム」と称さなくても、霊的真理に目覚めた人のあるところ、そこにスピリチュアリズムはあり、我等の同志は在るということです。

さて、最後に一つ。今やスピリチュアリズムが、神界の計画、その一部イエス再臨によって形成されて、東洋と西洋の成果がその中に一つに結集される、と申しましたが、この東洋と西洋が一つに結集されるには、そこに接着剤が必要なのです。その接着剤がわが日本、ないしは多神教なのです。

ご承知のとおり、アジアの極東、そうして西洋の極西アメリカと向き合って、日本は古来、外来文明の受容者、またそれを巧みに日本の伝統と融合統一させる役割を務めてきました。このたびイエス再臨、スピリチュアリズム形成においても、同じような役割を果たします。それが西洋（キリスト教）と東洋（仏教）の接着剤です。

ご承知のとおり、日本は八百万の神々の多神教の国です。その精髄が古神道です。多神教が世界の宗教（たとえばキリスト教のような一神教、仏教のような悟りの宗教）の中でもつ、その特色は、人と神とが隣人同士のようにその生活の中に在るということです。たとえば、何かあるとすぐ神社や近所の祠（ほこら）にお参りしたり祈願したり、屋敷には氏神が祭ってあったり、人が死ねばすぐ神となって崇敬の対象となったり、神々は実に人々の生活と密接です。この神と人との近さ、これはキリスト教のような唯一絶対神信仰では考えられないことです。また、仏教の、自我と大霊が一体化するための悟りの難しさからすれば、あるいは安易きわまる神人の近さです。

ここに多神教の欠点があり、また長所があります。すなわち長所とは神と人の結び付きの近さです。しかし欠点とは、折角結び付いた神が、そこらの祠の邪神であったり、死んで間もない成仏していない先祖であっては何にもなりません。それこそ、迷信のたぐいと言われかねません。

さて、こうして、安易に結び付ける神が、邪神や迷った先祖でなくて、たとえば、太陽神とか宇宙神とか、本当の神に結び付ければよいわけです。日本の古神道の中には、その道が示されています。「人は祖に基づき、祖は神に基づく」これです。そうしてもう一つ、何の教義も体系も持たない古神道で、大切にされるものは「清明心」です。これがその「道」です。

すなわち、人が魂を浄化させれば、生時から死まで寸時も離れずその人に付き添って守ってくれている、いわば魂の祖といえる守護霊に結び付きます。この守護霊は更に、その魂の祖といえる高級霊達の連鎖を通って、祖霊の大元である守護神に達します。この守護神は遠く太陽神、更に宇宙神へと連鎖の鐶でつながっています。故に「清明心」によって身辺の守護霊に通じることは、更に守護神→宇宙神へとつながることです。

このように多神教は、神と人との身近さという遺産を人類に残しています。その中で、日本の古神道は、「清明心」によれば「人は祖につながり、祖は神につながる」連鎖の鐶の存在を、大きな人類への遺産として残しています。ここに目を付け、この古神道の人類的遺産を、「守護の神界組織」としてスピリチュアリズムの体系の中に組み込まれたのが、浅野和三郎氏の日本神霊主義です。更にこれを継承された脇長生氏です。

もし、この守護の神界組織をもってするとき、もうキリスト教のように、隔絶した神と原罪に汚れた人間を結ぶために、「神の独り子を下して刑死させる」ようなドグマ、すなわち神と人との仲保者は不要になります。また、仏教のように、自我が大霊と結び付く悟りのために、難解な「縁起」の学習も、厳しい修業も、またそのための出家の要もありません。人は日常生活の中で、霊性進化に努めれば、誰しも守護霊から神へとつながれます。

イエス再臨の形成物スピリチュアリズムのためには、キリスト教の成果と、仏教の成果の二つの遺産だけでなく、その接着剤としてどうしても日本の古神道の成果が必要なのです。『続・霊訓』の中で、これら霊訓の受信者S・モーゼスは、未発表の膨大な通信の全体を総合する時、「地上へ戻って来る霊達は、はっきりと、神について話すことは殆どない。霊の伝える教示の一般の趣旨は、奇妙だが、洗練された心霊的な万神崇拝という方向である。大審判官、天界の王などという話は殆どきかない。耳にするのは守護霊たちの心やさしい気遣い……中継の霊達である」と述べています。

このたびの救世主降臨、終末的人類の救済、更に霊文明アクエリアス新時代の建設、この「古い昔からの神界の計画」の、基本原理である「キリスト原理」つまり愛（奉仕）、この宗教体系であるスピリチュアリズム、それが人類の偉大な遺産、キリスト教の「愛」、仏教の「人間神性」と「因果律」、この二つの東西の融合統一によって実現されるのですが、そこにはもう一つ不可欠の接着剤として日本古神道があること、日本はスピリチュアリズムにおいても、この東西融合の役割を果たす「古い昔からの神界の計画」の一環に組み込まれていたこと、お認めいただけましょうか。

五、世紀の事業の参画者たち

フォックス家事件が、少なくとも三〇〇〇年の神界の大計画の、実現の出発点であること。であるから、三月三十一日の「心霊研究発足の日」が霊界においても偉大な記念日であること、私達もそのように考えます。

それとともに、日本におけるスピリチュアリストの置かれている立場が、並々のものではなさそうだということを感じます。皆さまは、ご縁があってスピリチュアリズムに関心を寄せられました。また、東西の宗教原理の接着役をつとめる日本において、このスピリチュアリズムに関心をもたれました。なお、古神道のもつ接着剤に注目し、これをスピリチュアリズムに「日本神霊主義」という形でとり入れられた、浅野和三郎氏の設立された「心霊科学研究会」、その正統の教説を尊重する当会で、皆様方はいま霊的真理を学んでおられます。

しかし、当会は一個の主義、それが「宇宙の自然の法」であるスピリチュアリズムであっても、いわゆるその「主義」にしがみ付くものではありません。問題は、いま進行している神界の計画、アクエリアス新時代、すなわち「愛と奉仕」の原理に立つ、新時代の実現に献身するものです。

いみじくも、シルバー・バーチが最も直截な言葉で方向を示してくれています、「真の宗教とは、人に奉仕することによって、神に仕えることとである」と。私達はこの地上の新しい原理確立のために献身します。すなわち「一切の宗教の精髄、一切の生命の核心、これを唯一言にして表せば〔奉仕〕これである」このためです。

先月、私はこの例会の講話で「百人の光の使徒よ現れよ」と申しました。かりにその百人がこの会の会員でなくてもいいのです。私もその百人の中の一人の同士として、手をつなぎあって新時代建設のために協同できる、そういう百人の光の使徒よ現れよ、と申したのです。光の使徒は、いま絶大な神霊界からの霊力が投入されて進行している、新時代到来のための光の通路です。丁度「生命の樹」のように、天界からの光を受けて、これを霊的な酸素にして地上に放出し、地上の浄化に役立つ無私の光のパイプ管です。それがなければいま地上のアクエリアス霊文明新時代は実現され得ません。百人の光の使徒、それは地上に生える百本の生命の樹、それは百本の神の光のパイプ管です。

●第四章……神のペンダントを磨け

一、終末は来るか

先月は「心霊研究発生の意味」についてお話しました。その際、一四〇年前に発生した心霊研究は、実は神界の計画に基づくものだと申しました。しかも、その計画は少なくとも三〇〇〇年以上も前からあったのだと言いました。それは「救世主降臨」の各民族の古い預言と深くかかわっているからだと申しました。スティントン・モーゼスの『続・霊訓』は、これらスピリチュアリズムの霊示の大本にイエスがいると洩らしています。またシルバー・バーチも、スピリチュアリズム霊示の長はナザレのイエスであると言います。ホワイト・イーグルも、世界の導師（救世主）がいま人類の傍まで来ていると伝えます。これがイエス再臨であり、但し、その再臨とは肉体による出現でなく、霊的再臨、すなわち「キリスト原理」（神の本質である愛）を人類にもう一度正しく植え付けるための新啓示運動という形をとっているわけです。それだからといって、これは単にキリスト教的な運動とは全く違います。イエスは人類的使命を最初からもっており、二〇〇〇年前にヘブライ人に「キリスト原理」を伝えました。しかし、それはヘブライ民族のもつ特色によって味付けされ、更にその後キリスト教のドグマによって歪められました。今回はこれをもう一度正しく伝え直すための再臨です。しかも、これには釈迦もかかわっています。二五〇〇年前に同じ原理をインド人に伝えました。しかしインド民族の特色という管を通して伝えたため歪められ、更にその後仏教によって難解にされました。実は、今より未開であった当時にあっては、こうなることは止むを得ないことでした。そこで、この二つが今一つになることによって（それは仏教とキリスト教が合体するという意味では全くなく）、東洋と西洋に伝えられたこの二つの人類の特色を、東西融合するという意味において、その使命を担ってイエスは再臨しているわけです。これがイエスが最初から持っていた人類的使命で、盟友の釈迦はそれを援助してくれたわけです。この東西融合するためには二〇〇〇年以上前に、それぞれ西と東に種子を播いておかねばならなかったのです。

では、何のために東西を融合する必要があるのかというと、この東西融合によって、正しく「キリスト原理」すなわち神の本質である真理が人類に植え付けられるのです。何のために今植え付けねばならないのかというと、二つの目的のためです。一つは唯物主義化によって破滅に瀕した二十世紀後半の人類の終末的危機を克服させるためです。第二は、二十一世紀以降の輝かしい人類の霊文明による平和と幸福の黄金時代（アクエリアス時代）を実現させるためです。

元々、神界には「アクエリアス黄金時代」出現の計画があったわけで、そのためにはキリスト教や仏教などで、真理の片鱗を東西に別々の側面を別々の特色で伝えておくお膳立てが必要だったのです。またその一方で、物質主義化を促進して、科学技術文明をすすめ、東西が交通・通信・マスメディア等を通じて、人類が現実に一体化できるようにしておかねばならなかったのです。

今ようやくその時が来ました。人類が晴れて一体化できる時が。その時に当たり、片鱗や断片ではない真理、すなわち「キリスト原理」そのものがそっくり正しく伝えられねばならないのです。そうでなければ、真の繁栄と安定と平和、「アクエリアス黄金時代」は実現され得ません。その東西の真理の融合、イエスは再臨によって今その仕事をしています。その結晶――すなわち「キリスト原理」の総合的体系が、イエスを長とする新啓示運動の成果であるスピリチュアリズムです。私は以上のように前回お話をしました。

但し、このアクエリアス黄金時代が来る前には、一つ難関があります。人類を一つにするために促進された科学技術文明による弊害、すなわち人類の唯物主義化がもたらす危機、これを人類は克服せねばならないのです。曰く、公害、生態系破壊、核の恐怖、人心の悪化および人体の奇形化の潜行。どの一つをとっても人類は滅びます。滅びたのでは折角のアクエリアス時代はあり得ません。実は、スピリチュアリズムはこの人類の終末的危機を克服するためにも、その妙薬として伝えられたのです。すなわち、覚えておいてでしょうか、スピリチュアリズムの核心の教え──「キリスト原理」の本質──①神は愛である、②人は神の子である、③故に、人間の歩むべき道は愛（奉仕）。これを知ることによって、個人においても、世界にあっても、平和と幸福が得られ救われます。

さて、今スピリチュアリズムは普及して、人類の終末的危機が克服されつつあるでしょうか。………私は現代を考える手引きとして、次の話を引き合いに出してみます。「マタイ伝」に次のような箇所があります。イエスと弟子達の会話です。弟子達がイエスに聞きました。先生の再臨と世界の終末には何か前兆がありますかと。

イエスはその前兆として次のことをあげます。国と国との戦争、民族と民族との争い。飢餓と地震がつづくこと。人々が法を守らず、愛が冷えて、利己主義になること。偽キリストや偽預言者が出て、大いなるしるしや奇跡をあらわし、選民（光の使徒のような人達）さえもだまされかけること。

何と今とそっくりではありませんか。二つの大戦とその後の絶えない戦争。今でもイランとイラクの戦争、イスラエルとアラブの民族抗争。アフリカの飢餓、発展途上諸国の飢餓。世界各地につづく無気味な地震、異常な気象。ひどい利己主義の横行、暴力、犯罪、いじめの増加。それに、日本では「新・新宗教ブーム」と呼ばれるような中での、まさに奇跡や不思議な超能力を売りものにした、あやしい霊術者、宗教、預言者などの横行。

イエスは更に、終末は不意に来ると伝えます。人々が飲んだり食べたり、婚礼をしているその時に来る。その日を「天使達も知らず私も知らず、天なる父のみが知り給う」と。そうして、その大きな災いは「今までの世にはなく、この後の世にもない」ほど大きなものであると。最後に、世の終りの前に救いのための福音が伝えられること。しかし終末は必ず来ること。その後、救世主が不意に出現することを伝えています。

私は、何もかもこの通りになるという意味で、引き合いに出したのではありません。イエスの言う終末の前兆が現代とそっくりではないかということ。恐らく、万々一、人類がこの二十世紀末の危機を乗り切ることが出来なければ、右に述べられたようなことが全くないとは言い切れないという戒めとして述べたのです。

さいわいにして、神界の計画によって、終末的危機を乗り切るために、『続・霊訓』の言葉を借りると「イエスが霊的に再臨」しています。そうして、乗り切るための「キリスト原理」がスピリチュアリズムの形で伝えられています。正しく今私達がこれを学べば、危機が何なく克服され、私達は二十一世紀以降の輝かしいアクエリアス時代を迎えるでしょう。

私は全く安心しています。神界の計画が今まで着々と進行しているからです。しかし、この安心を現実化するために、目下真剣に霊的真理の普及に取り組んでいます。また、この滲透に疑いを抱いておりません。

唯一つ、気にかかることがあるとすれば、右に述べたイエスの言葉にある、「偽キリスト、偽預言者が大いなるしるしや奇跡を示して、光の使徒のような者さえだます」このことです。私が常々口にします、百人の光の使徒が団結すれば何とかなる、その光の使徒までだまされたのでは何とも仕様がありません。もしそうなったら、救世主が降臨して来るでしょう。もはや霊的再臨でなく、肉体をもって地上に降臨して来ましょう。しかし、その前に必ず地上の大破壊があります。

神は、地球をすべての生きものの進化の場として創っておられます。この地球が、もし人類の唯物主義化の魔手によって破壊され、生命の進化の場として適さぬものとなっては一大事です。ですから、神はその前に人類を一掃なさるでしょう。正しくは、人類の吐き出す悪想念によって魔軍（邪悪霊）がエネルギーを増大し、利己的な人々をそそのかして、さまざまな破壊現象を起こさせる。また、この悪想念が自然現象を管理する自然霊に反作用を起こさせて、気象や地殻にも変動を起こさせる。神は、地球が使用不能になっては困るので、地球破壊の前に人類の破滅を容認されるでしょう。これが終末です。

生き残った少数の人達と、破壊しかけている地上に、再び生命の進化の場を再建するのは容易なことではありません。ですから、強大な力を持った現実的な指導者が不可欠です。ですから、終末の後に、必ず肉体をもった救世主の降臨があります。言い換えると、肉体をもった救世主の降臨は終末以前にはないということです。すなわち、救世主が降臨するなら、その前に終末があるということです。そうなっては一大事ですから、イエスは今霊的に再臨し、終末を克服するための霊的真理の啓示運動を展開したわけです。

もし神界の、この終末をなしに、無事に「アクエリアス黄金時代」を人類に迎えさせる、この大計画に齟齬を来たすものがあるとすれば、それは「偽キリスト・偽預言者」です。それは折角の霊的真理を伝える光の使徒さえもだまして、人類に霊的真理が伝わることを遮断するからです。これはひとえに光の使徒たちの魂のすえ方いかんによるものですが、現状では予断を許しません。

二、めっきのペンダント

偽キリスト、偽預言者とは何でしょうか。私に言わせると、それは「神の栄光を横取りする」者達です。神は終末を乗り切らせるために、計画を立てられ、この百数十年の間に、かつてない程の霊力の投入を人類に向かってしておられます。その顕れが心霊研究やスピリチュアリズムを主とする霊的知識や霊的関心の昂揚です。特に、この十数年の間に、つまり終末的危機感の昂進とともに、更に霊力投入は急を告げ、異様に人類の間に霊的関心が高まっています。他方、新しい種類の人間の魂の地上出生がどんどん増加していま す。それは、ずっと古い前生で霊的文化を経験したことのある、たとえばアトランティス文明期に生存していた、その時代の霊能力発揮が日常であった知識と能力をもった魂が、どんどん再生させられています。これは次のアクエリアス霊文明建設の準備であり、また終末を霊的知識受容で乗り切らせようとする神界の計画に基づくものです。ですから、今の二十代以下の人達の間には、一般に生まれながらに、霊についての違和感が少ないのはこのためです。新人類などと言われる一半の理由はそこにもあります。

さて、このような原因で今高まっているのが、この十数年来のいわゆる「新・新宗教ブーム」です。新・新宗教とは、キリスト教や仏教などの「既成宗教」、創価学会や立正佼成会などの「新宗教」とは違った、きわだった特色を持っています。それは超能力とか、霊現象などの、いわゆる奇跡や不思議をあらわしたり、霊とか前世とかということをさかんに言って、それを特色にまたは売りものにする宗教です。いわゆる神秘的・呪術的な体質を特色にしています。

先に述べたように、神霊界からの霊力の投入があって、一般的に人々が霊的な関心を持ちつつあるから、当然そういう宗教が出てしかるべきです。しかし、神霊界の霊力の投入は、霊的関心を高めて、それによって正しい霊的知識を普及して終末を乗り切らせ、ひいては真正の霊文明アクエリアス期を招来するためです。ところが、このような霊的関心の高まりをうまく利用して、実はインチキな霊的宗教、インチキ預言、インチキ霊術家が横行しているのです。それが「新・新宗教」などの隠れみのを被ってまかり通っているのです。しかも困ったことに、新しい魂の種である新人類の若者を、逆に多数ひき付けつつあるのです。また、漸く霊に目ざめた真面目な大人達、すなわち光の使徒ともなるべき人達の目をもあざむきつつあるのです。恐るべきことです。これこそ「神の栄光を横取りする」魔軍——邪悪な霊集団のたくらみです。

そこで、スピリチュアリズムなど新啓示運動の神界の計画を成就するためには、または、換言すれば、正しくいま「キリスト原理」が人類に伝えられて、人類が終末などを迎えずに、また救世主の地上降臨など廻り道をせずに、無事にアクエリアス黄金時代に入るためには、今どうしても、この偽キリスト・偽預言者の正体をあばいて、白日の下に照らしておかねばならないのです。

彼等の手口は、超能力を示したり、霊的現象を起こしたり、預言をしたり、即ち神秘的な不思議を行なったり言ったりして目を引き付け、実はその力の源泉は神にはなく、特定の人物や物品や術にあるとするのです。従って、栄光を得るものは神ではなく、特定の人や物や術です。そうして、そういう人物や、その人物がいる教団に多数の信徒を寄せ集め、名声と金を得るのです。または、そういう物品や術を売り物に金もうけをするのです。

イエスだって奇跡を示しました。しかし、金もうけや信徒集めのためではありません。力の源泉が神にあることを示し、神への正しい信仰を導くためです。

正しいキリストと、偽キリストの相違はどこにあるのでしょうか。もちろん、それが金もうけや信者集めのためであったか、またはそうでなかったか、それも重要な点です。しかし、彼等が悪魔であることの根源の理由は、力の源泉が神にはなく、特定の人間（もちろん自分)、または特定の物品や術にありとして、神から目を外らさせることです。もっと深く入って申せば、キリストも釈迦も、その神の力はすべての人間の内部にあると教えました。しかるに偽キリスト共は、一様に、それはすべての人にではなく、特定の人物にしかないとするのです。すなわち、すべての人の内部に神が居ますことの真実から目を外らせて、永遠に人類が真理に近付けないように、力は外に、特定の人物にありとするのです。そのためにさまざまの奇跡、不思議を起こしては人々の目を眩惑するのです。

もっとはっきり言えば、彼らは自らを「神」とか、「生神」とか、「神がついている」とか、「キリスト」とか、「釈迦」とか、そういう者の生まれかわりであるとか、あるいは自分の前生はそれ以上の高級霊や神霊であるとか言います。また、特定の物品に自分の霊力がこもっているとか、特定の呪言や霊術に神秘の力があるとか言います。そうして、本当の神の座所であるすべての人の内部から目を外に向け、自分ないし自分が宣伝する物品や術を崇拝させます。これが手口で、その手口はきわめて巧みで、強大な魔軍になるほど、知能や知識にたけ、神の言葉を織り込んでうっかりすると光の使徒の候補者をもあざむきます。しかし、結局その結論は、神の真実の座所である各人の内部から目を外らさせ、特定の人物である自分を崇拝させることに導くのです。

新聞に載っていたことなので、特定の二～三の団体について記してみます。それが「偽キリスト」であるかどうかは、読者でご判断下さい。

有名な「霊感商法」の手口は皆様ご存知のところです。壺や多宝塔やペンダントを莫大な金額で売りつけ、日弁連の発表によると、四百億円近い利益をあげ、その裏に「△△△会」があるというものです。この「物」に呪力があって、これに呪力をこめたこの教団の教祖に神秘力があって、神や神の座所である個々の人間の内部にはそれはないということになるのです。だから、人々は莫大な金を払ってまで、その呪物を買うのです。こうして、その人は青い鳥の住み家である自分の内部から目を切り離され、物や、特定の人物の崇拝者にされるのです。

先頃、脱税で幾つかの教団が摘発されました。その中に「□・□・□」という団体がありました。この教祖は十年ほど前に、突如、超念力パワーを発見したというのです。この超念力パワーを封入した、念力腹巻とか、シールとか、ペンダントを身に付けると病気が治り幸福になるというのです。こうして得た五億円の所得隠しで摘発されました。この教祖は、常々、「念力シールを使えば税務署もこわくない」と言って売っていたのですが、本家本元の自分が税務署にあげられてしまったのです。私はこの教祖の超念力が嘘だとは申しません。相当のものはあるかもしれません。但し、それは一時的な治病、一時的な商売の得になることはあっても、結果は必ず馬脚を現すのです。いえ、行く末は間違いなく身の破滅です。なぜかというと、真実の超念力の在所である人間の内部から人の目を切り離させ、外部の物品に依存する、他力依存的な物神信仰にひき入れられるからです。これは邪霊との交流の道を開くものです。

また、「〇〇〇〇、、〇〇」というのがあります。これは別に脱税とか良からぬ事と関連があるわけではありません。ただ、右に述べた他力的物神信仰と共通するものがあるので述べるのです。この教祖は元は心霊コミックの漫画家で、ある時霊力を得ました。それでこの人の霊力を封入したペンダントを身に付けると幸運を得るというのです。若い人達にたいへん人気があるそうです。ただ問題は、このペンダントは一万三〇〇〇円で、有効期間は一年間だそうです。二年目からは霊力の再調整代一万円ですむそうです。はしなくも、このペンダントが「めっき」であることを物語っています。すなわち神の不滅のペンダントではないのです。これも、我々の内部に在る不滅のペンダントから目を外らさせる方便といえないでしょうか。

右に述べた三例は、いずれも、外部の特定の教祖に格別の力があることを主張していま

す。あまつさえ、その力を物品に封入したとして、相当な金銭をもって販売しておりま
す。人々は神の座所、自己の内部から目を外らし、外へ、しかも物質に依存します。こう
して他力依存によって自己の霊性を弱め、物質崇拝によって物質主義を助長し、しかも決定的に真実の力の源泉である自分の内部から目を切り離されます。

教祖崇拝にしろ、呪物信仰にしろ、いかなるものでも外部の力に依存して救われようとする信仰が正しいものではないことは、正しく心霊の原理を学んだ方なら、すぐにお分かりでしょう。人間を救う力は内部に、内部にある霊こそ神だからです。また、現在の自己の不幸は過去に自分が播いた種子の結果です。従って、これを幸福に変えるには、自分が新しく幸福の種子を播くことの外に方法はありません。これが因果の法で、永遠の初めより永遠の終りまで、人間の生命進化を支配している不変の法です。

三、神のペンダント

では、本当のキリストなら何と教えるでしょうか。それは「本物のペンダントは貴方の内部にある」「それは神のペンダントである」と言います。

ご承知のように、宇宙を創り宇宙を支えているのは神です。この外に力の源泉は一つもありません。その力の源泉が貴方の内部にあるのです。これを知りこれを開発して、その力を外に発揮することが救いの根本です。

ともすると、私達は神は外部にあると思います。もちろん、神は宇宙に瀰漫（びまん）しています。しかし、神は私達の内部にもあるのです。いいえ、私達の霊、これこそが神です。この一大真実を忘れて、あたかも力の源泉が外に、すなわち別の人物や、特定の物品にあると思うことは、折角自分の力の中にある神を見失うことです。力の源泉を見失ったのでは救われようがありません。

外部の特定の人物や、物品や術が、一時的に力を貸してくれることはあります。しかし、それは自分の力の源泉ではないから、エネルギーの補給をしなければなりません。何度もそのような補給をしているうちに、自分が神であることを全く失念して、ついには、その人の力の源泉は涸渇し生命は死に至ります。偽キリストはこれをねらって、即ち人類の生命の涸渇をたくらんで巧みに誘導するのです。

ホンモノのキリストは、全く反対の教え方をします。「神の国は貴方の内部にある」「まず、何よりも先に神の国を求めなさい」と。また、釈迦の教えは涅槃経にこうあります。

「一切衆生悉有仏性、草木国土悉皆成仏」。これは全く同じことを言っているのです。一切衆生、すなわち人間も動物も草木も、また砂や土に至るまで、仏（神）のあらわれである。すなわち内に仏性（神性）を宿す。故に、草木から砂土に至るまで仏（神）に成って救われるのである。

貴方の内部に神のペンダントがある、と知ることは、この世で一番大切なことです。それは、神が愛であることを知り、貴方が神であることを悟って、貴方が神になる根幹ですから。

なぜ、神は万物の中に在るのでしょう。もちろん、それは神が万物を創られた、万物は神のあらわれだからです。神が万物の中に在るということは、どういうことでしょう。それは、その万物が神になるということです。何となれば、万物の中に在る神とは、種子です。種子がなければ何一つ芽を出し花を咲かせることはありません。種子があるということは、必ずそこから芽が出て、末は花実をつけるということです。万物の中に神が在るということは、そこに神の種子が在るということです。ですから、やがて万物が神になるという証しです。

神は、なぜ創造などなされたのでしょう。その胸の内は分かりません。ただ、万物をお創りになり、万物にこもられることで、やがて万物を自己と同じ神になさる。そこまでの察しはつきます。そうです、創造とは宇宙神化の大事業です。この生々発展をつづける大宇宙とは、万物が神へ向かっての進化の旅路です。

何と大いなる愛ではありませんか。神が、至高至尊至福の自分自身と同じものに万物をなさろうとしているのです。創造とは愛です。宇宙とは愛です。生命とは愛です。神とは愛です。ですから、私達の内部に神が在るということは、私達が神になるという約束です。ですから、自分の内部に神が在ると知ることは、まず神が愛であることを知ることです。また、自分が神になる約束を実現する道です。神が愛であることを知らなくて、どうして人生に感謝などありましょう、人を愛するということがありましょう。つまり、人も自分もともに救われることがありましょうか。

ですから、ホンモノの神のペンダントが自分の内部にあると知ることは、救いの基本条件です。このたびのイエスを長とする「キリスト原理」の降臨の大事業の根本の目的は、「神のペンダントが貴方の内部に在る」この啓示です。いま、この事業に反撥して、偽キリストが目先の奇跡や超能力をひらひらさせて、いかにも救いの力が外にあるかのように幻惑しています。

四、神のペンダントを磨け

神のペンダントが自己の内部に在ると知ることは大事です。しかも、それが決して外部ではなく、この広い宇宙の中で唯一つ自分の中に在ると自覚することは、この上なく大事です。なぜかというと、知ることはそれを現実化することですから。想念とはエネルギーですから。神のペンダントがただ内部に在るだけでは駄目なのです。宝の持ちぐされです。知ることによって、初めてその神のペンダントが光を発し始めるのです。だから、疑いもなくそれが自己の内部に在るのだぞと、確信して下さい。その時、不滅の神のダイヤモンドが半分ほど光を発するのです。

あと半分は自分で磨くことです。いくら神のペンダントが自分にあるといっても、まだそれは神の種子です。いわばまだ磨かれていないダイヤモンドの原石です。しかしそれが決してまがいものの石、めっきのペンダントでない証拠には、磨けば神の全知全能に比肩する光を発します。いわば神の万能の原石です。ですから磨いて下さい。

磨き方は、その原石に合った磨き砂を使うことです。悪い粗雑な砂を使ってはかえって珠を傷めます。原石のもつ精妙な波長の磨き砂を使うことです。いったいそれは何でしょうか。神性とは愛です。すなわちそれは愛の原石ですから。ですから、それと同じ愛の磨き砂を使用することです。

『霊訓』は、人間の道を三つの責務として教えています。①神に対する責務 ― 敬神など。②人に対する責務 ― 他者への奉仕。③自己に対する責務 ― 自己の身体や魂を大切にすること。これは、三つの奉仕と言い換えても同じことです。すなわち、①神への奉仕、②他者への奉仕、③自己への奉仕。この三つの奉仕とは三つのものに対する愛です。ですから、内在の神のペンダントを磨くには、この三つの奉仕を実践することで磨けばいいわけです。

②の他者への奉仕、これは今まで繰り返し述べてきたことなので、もうここでは申しません。ただ、これが奉仕の根幹であることだけは重ねて強調しておきます。すなわち、シルバー・バーチも、「人に奉仕することは、神に仕えることである」と言っているくらいですから。ですから、他者への奉仕をしない人に、決して内在の神のペンダントは磨けません。

③の自己への奉仕を、人はよく感違いします。うまい物を食べて楽をさせて、栄耀栄華のためには人を蹴とばしても金をためる。これは自己に奉仕しているのではありません。

自己を傷つけているのです。なぜかというと、真実の自己とは霊です。肉体は八十年間の借り物の外衣にすぎません。ですから、利己主義はすべて借り物の肉体に奉仕し、そのために欲や悪感情や争いを起こして、本当の自己である霊を傷つけているわけです。ですから、本当に自己に奉仕するとは、自己の魂のために奉仕することです。

すると、成る程、それでは山にこもって魂を磨く修業をしようとか、そのために肉体を傷つけてもいいとか、または、人のことには何も顧慮せずただただ自分の魂の進歩向上さえはかればよいと、そう思い込む人がいます。しかし、これは真に自己である霊を愛していることにはなりません。これは自己中心の半動物的な道で、人間の道ではありません。

なぜかというと、たしかに、肉体ではなく精神をすなわち魂を大事にしている点は、いかにも人間とは霊であることを知った、人間の道です。しかし、そのためには人里から絶縁してよいとか、人への奉仕は考えないというのは、自己中心で、ここがまだ動物的なのです。

動物には霊（神の火花）がありません。ですから肉体と幽体があるだけで、霊体や本体はありません。ですから、動物は死んでも幽界には行きますが、霊界やまして神界へ行くことは出来ません。神様は動物と人間を差別しているのかというと、そうではなくて、動物は人間になる進化の途中にあるというわけです。そういう意味では、人間は神になる進化の途中にあるわけです。しかし、ダーウィンの言うように、猿が進化してそのまま人間になるのではありません。そんな見方は、人間を肉体としか見ていない唯物主義です。猿が進化して個性を持つにふさわしくなると、その中へ神の火花（霊――「真実」の人間）が入って、初めて猿は人間に進化するのです。

さて、自己主義がなぜ半動物的かという話に戻ります。猿の魂（欲望の媒体である肉体と、感情の媒体である幽体）に入った霊とは神の分身です。すなわち真善美の英知と高級な情緒である愛をもつものです。これこそ神性であり人間の本質です。この霊を猿の魂に植え付けるために、霊は知性の媒体である霊体と、英知や愛の媒体である本体をまとって入ります。これが人間です。さて、真の人間とは霊ですから、霊の本質である愛を発揮することが、人間として生きることです。すなわち奉仕、これこそが人間の道です。しかるに、自己主義とはそうではありません。それは、自己保存のためだけに生きればよい動物の道です。動物は霊がないから、奉仕や愛に生きなくてよいのです。そのかわり、動物を統御する天使（高級自然霊）がいて、本能で動かして安全をはかってくれます。だから動物はただ自分のためだけに生きていればそれでよいのです。従って、動物の道とは自己保存、すなわち自己中心であり、人間の道とは奉仕・愛です。ここに霊（神性）を持つ者と、持たない者との生き方の相違があります。従って、いくら魂の進歩のためとはいえ自己中心であるのは、まだ半分動物の殻をひきずった生き方です。

ですから、真に自己を愛するとは、愛や奉仕を主眼として、自己を愛するということです。すなわち、世のため人のため、神のために役立つように自分の身体を大切にし、養い、鍛えることであり、また世のため人のため、神のために貢献できるように、自己の魂を鍛錬し、進歩させることです。

次に、①神への奉仕について一言します。神への奉仕とは、敬神です。では毎日神様を拝んでいればよいのかというと、そうではなく、バーチの教えるように、神を敬い神に仕えるとは神の子らである他者に奉仕することです。ですから、毎日の生活を神を敬しつつ人に奉仕すればそれでよいわけです。ところが、もう一つ、宗教家も言わない、もう一つの大事な神への奉仕があるのです。ホワイト・イーグルはそれを次のように教えてくれています。「人間は次の考えだけはもって常に生きていねばなりません。〈私は生命に仕えるために地上に来た、人類進化の大計画に仕えるために来たのだ〉これです」と。

先程、私は、神の天地創造のご意図は宇宙の進化、万有の神化すなわち、人間・動物・

植物・鉱物の神への行進であると申しました。そうして、人間は今や神性を持つにふさわしいものとして、神の火花である霊（神性）を宿すところまで来たのです。もはや動物ではありません。その本体である神性にふさわしい者としての宇宙における役割、使命があるのです。それをホワイト・イーグルは〈人類進化の大計画に仕える〉ことと指摘しているのです。まことに、動物でない神性の保持者である人間の道は、奉仕に生きることであると共に、もう一つ、神の片棒として人類の進化に、宇宙の、少なくとも地球の動・植・鉱物の生命進化の神の事業に、神に協賛することです。これでなければ、内在の神のダイヤモンドは磨けません。

五、人間はひとりひとりが救世主

神は、全知全能である、万能であられる神が、なぜその創造進化の御業において人間を使おうとなさるのでしょうか。それは人間が救世主だからです。人間は自分に対して救世主であるだけでなく、他者と世界に対しても救世主です。救世主とは唯一人の特定の人物だけを指すのではありません。万人が万人の救世主です。それは私が勝手にそう言っているのではなく、もともと神がそのように定めておいでになるのです。それはどういうことかというと、この世の進化の仕事は、神が半分と、あとの半分は人間が受け持つことになっているのです。これを救いの二段構造と申します。つまり、人間の救いすなわち人間が神に近付く進化、それは神と人との協同、すなわち二段構造なのです。

ある人が私にこう質問しました。神が愛ならばなぜ私達は救われていないのか。本当に愛ならばすべての人がすでに救われていてよいのではないか。救われていないということは、神が愛ではないからではないかと。

もっともな、ある意味では真剣な質問です。この回答は「神は愛です。すでに神がすべてのものの中に内在しておられることが、すなわちそのものがすでに救われている証しです」。これが真理のすべてです。しかし、そんな禅問答のようなことを言っても、本人が救われていないと感じているのですから、どう仕様もありません。

そこで、私は次のように説明したいと思います。救いの構造は二段構造です。神は愛であるから、天の上から救いの百千万本の手を、私達の皮膚の一センチのところまで差し出しておられます。なぜあと一センチを突き出されないかというと、そこのところを私達の仕事として残しておられるからです。実は、神といえども、そのたった一センチの幅が埋められない仕組みなのです。すなわち、いくら神に愛があっても、神の波長と人間の波長とでは違うのでどうしても近付けないのです。そこで、もし私が神の方へ手を突き出せば、それが神との波長を一つに合わせることになって同調し、神の手がムンズと私の手をつかんで、天上へ引き上げられる仕組みなのです。だから人の救済とは、上から差し出す神の手と、下から突き出す人間の手の、上下二つの手の二段構造になっているのです。

もし、神が黙って坐っている私達を、無条件で引き上げられたらどうでしょう。それが神の愛でしょうか。私達には何もすることがないので、何もしなくてもよいから、人間は人形です。折角、人間の内部に神の分身がありながら、人はそのことを自覚することもなく、従ってそれが発現されることもありません。すなわち人には何の進歩もなく、永久に人間は神になることが出来ません。ですから、救いが神と人との協同の二段構造であることは、神の子が神になるための神の大いなる愛、これこそ真実の愛です。

このように、人は自分の救世者です。どのように神が愛であっても、常に百千万本の救いの手を私達の皮膚の一センチ近くまで密着させておいでになっても、私達が自分から神へ突き出す手をもたなかったら、永久に進歩も救いも絶対にないのです。

ですから、唯物主義者には救いがないのです。彼は上方から差し出されている手を知りません。神を認めないのですから。救いは人間の意志それだけだと思っています（それはそれで立派なことですが）、残念ながら救いが二段構造であることが分からないので、彼の突き出す意志の手は、上方ではなくて、前や後や右や左、まかり間違うと魔軍の手が待ち受ける下の方です。こうして地獄へ墜ちます。彼の意志の力とは我だったのです。神を認めない者は折角の神の救いの手を見ないようにしている者であって、魔軍が最も好む人間の中の盲人たちです。

次に、魔軍が好むもうひと種類の者達は、意志の力を失った亡者の群です。これはいま偽キリスト達によって多量に生産されつつあります。彼等はいかにも神があるように見せかけられます。不思議や奇跡の餌でつられるからです。彼等は救いの上部構造を見つけたと思います。そこが偽預言者達の付け目で、彼等は自分達がその上部構造だと宣伝し主張し信じさせます。これは大変便利な救いの上部構造です。何しろ、これを信じる者は自分で何もしなくてよいのです。お金を出してその救いを買い取るか、頭から偽預言者を信じてその言いなりになればよいのですから。こうして彼等は、救いには下部構造があることを失念させられます。即ち、人間の方から神へ向かって突き出す意志の力が救いには必要であることを忘れさせられます。彼等は自分が自分の救世主であることを忘れさせられたのです。ですから亡者です。

救われるということは決して難しいことではありません。第一に神の存在を知ればよいのです。これは上方へ目を向けたことです。指一本だけ、上方からの手に触れているのです。第二に、神を愛と知ることです。つまり神への感謝です。これはもう指三本を上方の手に委ねたことです。第三が、よしやろうと「やる気」を持つことです。これは指五本とも手を神へ向かって突き出したことです。神はムンズとその手をつかんで天上へ救い上げられます。

神は私達が眠っている時でも、意気消沈してうつ向いている時でも、絶えず休むことなく私達の皮膚の一センチ手前まで、間違いなく手を差し出しておられます。一人の除外もなく、万人に向かって百千万本の救いの手を差し向けておられます。私達がその手の存在を知り、有難い、申し訳けない自分も手を出そうと出す瞬間を待っておられます。たった一センチだけ私達は手を差し出せばよいわけです。ですが、この一センチの決断が大切なのです。神を愛だと知った者だけが信じて、安心して、勇気をもって差し出せます。私達はこれを「自分でやる気」と申します。そうです、これこそ人間が自分の中に自分を救う力、即ち神のペンダントが内在することに気付いたことです。神はその瞬間を待っておられるのです。そのことが神の子が神の子であることに気付いて、神になることのたった一つの条件です。

どんなに神が愛であっても、百千万本の手が狂いなく差し出されていても、守護霊が傍にいても、たとえ救世主が降臨しても、私達が自分で手を差し出さなければ、救いの二段構造は作動しません。すなわち人間が救われることは絶対にないのです。だから私達は自分の救世主です。これが真実の救世主であって、神はこの真実を人間が悟って神になるようにと、二段構造の救いの仕掛けを作っておいでになるのです。

神は人をまた、他者と世界の救世主として創っておいでになります。まさか？と人は自己を疑います。しかし、それは狂いのない事実です。もしかりに、人が自分自身の救世主であるとしても、このことを知って自分を救える人が何人いるでしょうか。つまり、皮膚のところ一センチまで来ている手に気付いて、よしやろうとやる気を持つ人が何人いるでしょうか。世界いま五十億人の人口を考えると、世界中がそのようになることは気の遠くなるように先に見えます。だから、神は私達を他者と世界の救世主としても創っておいでになるのです。

神は一人一人に対してと同じように、世界全体に向かっても、平和になるように進化するようにと、救いの光を放っておられます。その光波に感じて人々は動かされております。政治家も財界人も文化人も、農民も職人も家庭の主婦も、みんなこの光によって動かされております。しかし、もし貴方が悩める人に霊的真理を伝えたらどうでしょう。その人は目を覚まして救われましょう。ここに口で相手の耳に真理を伝える、肉体を持つ人間が肉体を持つ人間に対する救いの働きがあります。神がなされないことを、あるいは神がなさらないことを、私達には出来るのです。ですから世界の救いも、神と人との協同、二段構造なのです。

同じように、私達は愛の行為や愛の言葉で人を救うことが出来ます。これは神がなされなくても、人間同士で出来る大きな救いの仕事です。救いは神から放たれる救いの波動と、人間の行う愛の行為と言葉などで進行されております。

また、私達に出来るのは、言葉と行為だけによってではありません。愛の想念の発動によっても世界を変えます。愛念はもちろん、私達が愛の行為や愛の言葉を放つ時、一緒に放たれて人々に作用します。また、何もしない時にも、ただ世界と他者への愛念を思う時にも、それは同じく放たれて人々に作用します。ですから、いま世界を動かしている念波は、神の放つ念波と、人間の放つ念波の二つです。そうして、なぜ神は念波においても、人間を神の協同作業者になされたかというと、これも「波長の法則」があります。人を動かし世界を変えるには、神からの高い波動だけでは、すべての人に届かないのです。人間同士には人間が放つ同程度の波動なら届くのです。ですから、神はたくさんの愛の念波の発動者を求めておられます。この協同者達がなければ、とても五十億人全部の人口のすみずみまで愛念は届きません。

世界を救うには、神のほかに、どうしても人間の助力が必要です。ですから、人間は自分ひとりの救世主であるだけでなく、他者と世界の救世主でもあります。

私達が救世主であるためには、必ずしもイエスのように荒野で四十日の断食をしなければならないわけではありません。日蓮のように、街の辻に立って説法しなければ務まらないわけでもありません。神は誰しもその場で世界の救世主であるように創っておられます。その人が救世主になれるかなれないかの差は、ただ、自分を世界の救世主と自覚するかどうか、それだけです。神はすべての人を救世主として創っておいでなのですから、そうだと自覚した人が、その場で救世主です。

主婦がお勝手で家族のために大根を刻んでいても救世主です。職人さんが何かの手作業をしていても救世主です。もしその人が、その仕事に全力の愛念を込めて、しかもその仕事を通じて自分は世界をも救えるのだとの自覚を抱いてそうしているのなら。その人からは、首相が最高の愛念を込めて国事をしているのと同じ程の愛念が発動されます。いま神界では計画を進めて、アクエリアス黄金期実現のための、多数の人間の協同者を求めています。その協同者とは、その人の地位が何であろうが、仕事が何であろうかを問いません。ただ、世界変革のための愛念と自覚をどれだけその人が持っているかが条件です。何となれば、そのような人であって初めて、神界からの変革と愛の念波がその人には通じるからです。そうして、その人を通じて、その人が大根を刻んでいても、手作業をしていても、神の波動はすべての人間に感応できる愛念に変えられて地球上に伝達されます。

人は愛の行為によって、愛の言葉によって、愛の想念によって、世界の変革者です。もし、人がこのような意味で、自己を救世主だと自覚すれば、世界は大きく変わります。それこそまさしく人は世界の救世主、神の協同の変革者です。

いま、偽キリストの群が出て、自分だけが救世主であると僭称しています。これは神が、すべての人が救世主であるように創っておられる根底を揺るがすものです。人類の進化と救いの二段構造を否定するものです。それによって、人間がひとしく神の子であるとの自覚を永久に失わせようとしているのです。われわれは神の子です。その意味で自分自身の救い手であり、また他者と世界の救世主です。いま、アクエリアス新時代を迎える危機の瀬戸際にあります。この時、私達を救うことの出来るものは、私達ひとりひとりが時代の救世主であるとの自覚、これです。もし、偽キリストにしてやられて、この自覚を持ち損ねたら、私達は特別に任命された救世主の地上降臨を仰ぐことになりましょう。そうなったら、その前に必ずや、地上は大きな破壊を覚悟せねばならないでしょう。

●第五章……宇宙は神の学校

一、人が幸福にならないのは、因果の法を知らないから

人は良いことを少しもしようとせず、自分の未来に良いことだけを求めます。そうして、今の自分の不幸にぶつぶつ不平だけを洩らします。これが人の常とはいえ、神の目から見たら、何と愚かなことでしょう。それは幸福になる原理が、この宇宙に唯一つだけあるのに、それを知らないためにそういうことになっているのです。

その原理とは因果の法と申します。スピリチュアリズムを学んだ人なら誰でも知っている、この宇宙の神の法の中の根源の法です。すなわち「良い事をしなければ、良い事は返って来ない。自分が良い事をした分だけ、自分に良い事が返ってくる」これです。これは寸分の狂いなく、正確無比に天地の初めから、天地の終り（それがあるとすれば）働きます。ですから、人が幸福になりたければ、この原理を唯一つ知って、良いことをすれば、もうそれでその人は必ず幸福になるのです。何と単純なことではないですか、生きるということは、そうして幸福になることとは。そうして良い事とは「世のため人のために役立つこと」これです。この良い事の原理も天地と共に変わりません。死後私達が他界に入るとき裁かれる原理はこれであり、また現にいま地上にあって裁かれている原理もこれで

す。ですから、人は世のため人のために毎日を生きれば、もうそれで百パーセントの幸福が得られるのです。何と単純ではありませんか、幸福になるということは。

しかし、その良いこと(即ち、世のため人のために尽すという奉仕)、これが中々できないのです。本当はこれさえ出来ればいいのですが。なぜ出来ないかというと、それには原因があります。原因とは、人間が霊の存在を知らないことです。つまり、一般の現代人はこの世には物質しかないと思っています。すなわち自分は肉体であり、幸福になる要素は物質やお金である、また他者は自分ではなく他人だと思っている、このことです。これは物質しか存在しないと思っていれば、そうなるのが当然です。ところが、そのために因果律が目に入らず、教えても守れないのです。すなわち奉仕をすれば、自分の幸福の因と思っている物やお金を人に与えて失うことになるから、人はいつも失わないようにと、失うことの「怖れ」から奉仕をしないのです。また、肉体が自分と思っているから、物欲や肉欲などの肉体を喜ばせる快楽が幸福に思え、精神や魂の喜びを求めて、人に奉仕する気に中々ならないのです。また肉体が自己と思っていれば、別の肉体である他者はすべて赤の他人です。これは当然のことで、だから自分ではない他者の幸福のために尽すなどもっての外で、むしろ自己の幸福のために、他者を排斥し憎み怒り傷つけ殺しさえするのです。

この霊魂の存在を知らないことから来る、「失うことの怖れ」「快楽追求の欲望」「他者を排斥する感情と行為」、こういうものがどうしても出て来て、奉仕なんて真っ平、かりに因果の法をお教えしても、その良い事を本気でする気持には到底ならないのです。

しかし、スピリチュアリズムを学んだ人は、霊魂の存在を知ったのだから、必ず百パーセントの奉仕が出来るかというと、これがまた簡単に一筋縄ではそういかないのです。なぜかというと、頭で知っただけでは必ずしも霊を知ったことにならないのです。ハートで知ること。即ち、霊は肉体の頭では分からないのです。霊の目で見、霊の頭で知る、すなわちハートで悟ることです。

しかし、人生とは本当は単純なものなのです。良い事をしたら、良い事だけが返って来る、この因果の法を知って、もう一つ人間が霊であることを知る、そうしてその日から良い事である奉仕をする。これで、その人の人生の一切は幸福だけになる。何と単純ではありませんか。但し、人間が霊であることが、その人の頭によく飲み込めればです。

さて、この二つの重大な事実、因果の法と、人間は霊、これが同時に二つともすんなりと納得できる道があるのです。そんなうまい方法が？　そうです、あるのです。それは「愛とは何か」が分かればいいのです。奉仕である愛が実行できないのは、愛とは何かがその人によく分かっていないからです。また、愛とは神の本質ですね。また、人間は神の子ですから人間の本質でもありますね。そうです、人間内在の神性とは、この神の本性と瓜二つの「愛」です。従って、「愛とは何か」を知ることは「人間とは何か」を知ること、すなわち太古から今日に至るまで人間にとって最大の命題「汝自身を知れ」これを知ることです。

難しそうになった……いいえ、そう思う必要は全くありません。何となれば、愛とはこの世で一番やさしいものですから。

二、愛は最も易しい「自己自身を愛すること」だから

易しい理由は、この表題に示したとおり、誰にでも出来る、愛とは自分自身を愛することだからです。そんな馬鹿な！　愛とは人を愛することではありませんか？　いいえ、全く違います。愛とは自分自身を愛する、世界で一番やさしいことです。

なぜか……神様さえも自分自身を愛しておられるのです。これが神である愛の本質であ

って、この外に愛は存在しません。

神が、果たして自分を愛しておられるのでしょうか？　そうです。間違いなく自分以外の何一つ愛してはおいでになりません。なぜかというと、神は創造主です。天地の初めに神しかおいでになりませんでした。その神が「光あれ」とおおせになり、この光から天地万象をお創りになりました。天地万象は被造物です。大きく見ますと、この宇宙は、創造の主体である神と、神から生まれた被造物（神の分身・神の子）である神の客体の二つがあるだけです。愛とは主体である神の「自我」が、客体である神ご自身である被造物を愛されることです。すなわち、愛は神が主体（自我）と客体（被造物）の二つとなって、神が神ご自身を愛されることです。ですから創造が愛の初まりです。そうして、宇宙とは神の愛の実践の場です。宇宙が生成進化してやまないのは、神の愛が止まらないということで、進化とは神の愛の実践の現れであり、進化を支える「法」とは神の愛の象徴です。

皆さん、愛が自己自身を愛することであればこそ、本気で愛せるのではありませんか。もし他者を愛することだったら、神といえども本気で愛されはなされますまい。皆さん愛とは、自分自身を愛する神の愛の本質の外には、どこにも愛など存在は致しません。愛とは自己自身を愛すればよいのです。何と世界で一番やさしいことではないですか。

ただ、神と人とで違うところは、神がすべてを愛されるのは、すべてのものを自分自身と知っておいでになるからです。人は本当は神と同じく万物は自分自身なのに、それをまだ自分と知らないのですべてを愛せないのです。

では、人間の愛について少し考えてみます。人は神の子ですから、神と全く同じように自分を愛しています。但し、その自分とは、一個の肉体に包まれた自分（小我）でありま す。これを利己主義とか自己中心と言いますが、これが人間の通常の愛です。どうして、人間は小我の自己しか愛さないかというと（本当は、人間は霊すなわち神性ですから、真実の人間の自己とは神と同じく万象も含めたすべてが真の自己なのですが）、肉体に包まれてその神性が隠され、肉体の目や肉体の手で自己を見るので、物質である肉体しか自己と感じなくなっているのです。従って、本当は兄弟姉妹もしくは自分自身と言ってよいすべての他者は、自己ではない他人と感じているわけです。人間は神と同じく「自己自身しか愛さない」ものなのですが、この肉体のゆえに小さな自己（小我）しか愛せなくなっているのです。

しかし、この人間は美しい風景を見ると感動してこれを愛します。なぜ、自己ではない美しい風景を愛するかというと、そこに自己を感じるからです。すなわち、美とは神の属性です。真も善も聖も神の属性です。つまり美しい風景を見るとそこに神性を感じるのですね。神性こそは人間自身の本質です。自己です。すなわち美しい風景とは、神の面影、自己自身の面影を思い出させるものです。ですから愛するのです。

同じように、通常は人は他人を愛しませんが、自分に親切にしてくれる人は愛します。特に友人、親友の場合はこれを愛します。それは自分を愛してくれる人は自分にとって得だということもありますが、場合によっては自分が損をしても友人のために一肌脱ぐことがあります。これは愛です。なぜでしょう。実は愛とは神性です。ですから、友人が自分に親切にしてくれる時、その愛に人は神を、すなわち自己自身の面影を感じているのです。

このように、人は肉体のゆえに、小我である肉体の自己しか愛さないものですが、美しい風景や、他者からの愛を感じると、これらを愛します。そうしてその愛の範囲を、小我から美しい風景や友人にまで拡大します。これはそこに神を、すなわち自己自身の面影を感じるからです。このように人間とはやはり神の子ですから、神と同じように「自己自身しか愛さない」ものですが、またすなわち「神しか愛さない」ものです。

ですから、神しか愛さない人間は地上生活の経験を重ねることによって、愛のレパートリーを拡大していきます。美しい風景、友人の愛だけでなく、すべての美しいもの、善なるもの、真なるもの、聖なるもの、そして他者からの愛、これらを感得するたびに、そこに神性と自己の面影を見て、愛のレパートリー、それこそ自分とは意識していなくてもさしく自己自身なのですが、この自己自身を愛する行為を拡大していきます。ですから、真実の芸術家、真実の学者、真実の聖者、真実に他者を愛するすべての人の愛の行為は、小我しか愛し得ない人間達に、神性を呈示することによって人間達に自己を愛する行為を拡大させているのです。人はこれらの人の活動を通じ、すなわち地上に生活してこれらの経験を重ねることによって、肉体の衣でわざと隠して一個の小我しか愛さない、すなわちそれを自己としか感じない者から、もっと広い愛へ、もっと大きな自己を感じる者へと進化していくのです。ですから、人間が地上生活をするということは、すべてを愛する神へ向かって、自己自身を拡大していくことです。すべてを愛する神にまで進化することが地上生活の目的です。ですから、地球とは人間にとって人間が神になるための「神の学校」です。

次に、動物と人間の差について考えてみます。動物と人間はともに被造物です。すなわち神から愛されるその客体である点では同一です。しかし、人間は他者を愛することが出来ますが、動物は愛されるだけで他を愛することは出来ません。即ち、人間には霊である神性が込められているので、神と同じように主体であることが出来るので、すなわち「自我」を持つので、他を愛することが出来るのです。ですから、人間は被造物であると共に、また神と同じ「自我」を持ち、主体として創造をしたり他を愛したりすることの出来る者です。ですから、地上生活を通じて、愛と自己のレパートリーを拡大して神に近付くことが可能なのです。

しかし、動物だって他を愛するのではないかと反論もありましょう。たとえば犬はさかんに尻尾を振って飼い主を愛するではないかと。違います。あれは愛しているのではなくて、飼い主の愛に反応しているのです。犬には霊（神性）がまだ込められていないので、自我（主体性）がないので他を愛することは出来ません。ただ愛に反応することは可能です。それは生物の本能で自己保存の本能があり、自己を愛してくれる者は自己保存にプラスになるので反応を示すのです。ですから、飼い主が五十点の愛を示せば五十点の愛の反応を返し、百点の愛を示せば百点の愛の反応を返します。人間のように、全く自分を愛さぬ者に対して、これを進んで愛そうという愛の発露を持つことはできません。このように、人間と動物では「自我」である霊のあるなしによって、確然たる差があります。

しかし、これは永久にそうなのではありません。犬が愛に対して反応をすることが出来るというのは、まだそれは自ら愛する自我ではありませんが、反応し得るものとして「自我」を持つにふさわしく成長しているということです。従って、人間の愛によって十分にその愛に反応できるようになった動物の群魂は、やがて霊（神性・自我性）を封入されることによって人間へと進化します。ですから、人間が動物を愛するということは、非常に大きな宇宙的行為で、動物を人間へと進化させる偉大な仕事をしているのです。

こうして見てくると、宇宙とは、鉱物→植物→動物、この動物が自我を与えられて人間へ、この人間がこの自我のレパートリーを拡大させて遂に神になる、一大進化の大行進ではありませんか。すなわち神の創造とは、すべてのものを終局には神と等しいものにするための神の一大事業です。一粒の砂、一枚の木の葉、小さな地虫の生のいとなみも、それが地上に存在するということは、神へ神へと草木がなびくように歩んでいる聖なる姿です。

であるから、そこにいったいどんな悪が存在しましょう。すべてが神へ向かう光の流れです。大きくなった光、まだ小さな光の差はあっても、存在するすべてが至高の善である神へ向かっている光です善です。

利己主義を人は悪と見ます。まさしくそれは悪といってよいかと思います。何となれば、それは一個の小我である自分の外はすべて他者とします。そうしてこの小我である自己に不利をもたらす他者は排斥し、場合によっては傷つけもします。自分の利益のためなら、他者から奪いこれを押さえ殺したりもします。ですから、利己主義は罪の源泉、まさしく諸悪のもとです。

利己主義はまた、自己自身をも滅ぼすから、進歩した人の目からはその意味でも悪と目に映ります。もしある人が、自分とは自分の肉体すべてであるのに、偏狭にも親指一本だけを自分だと思い込んだらどうでしょう。その人は親指以外の身体のどの部分が汚れても、少々傷ついても意に介さぬでしょう。それどころか、他の指が折れても、鼻が曲っても、目がつぶれても、それは自分ではないと思い込んでいるから平気の平左でしょう。とうとう心臓を自分の手で刺しても、それは自分ではないからやりかねません。しかし心臓を刺せば身体全体が死に、自分である親指も死にます。丁度これと同じように、人間とは人類すべてが同胞、いいえ本当は自己であるのに、小我一個を自己と思い込んでいる人は、小我だけを守るために他の人類にどんな害が及んでも平気ですから、偏狭な親指だけを自己と思い込んでいる人と同様に、その行為によって人類全体と自己自身をも殺すのです。従って、利己主義は人を害する諸悪の元であるだけでなく、自己自身をも滅ぼす不明すなわち愚です。ですから、人が利己主義を最も嫌い、これを悪と見るのは当然かもしれません。

しかし、利己主義は本当に悪でしょうか。先程私は宇宙のすべては神に向かう光の行進で、一つも悪くはないと申しました。しかし、やはり利己主義という悪があるのではないでしょうか。確かに、動物には利己主義はありません。人間特有のものです。動物は自己保存の本能によって、自己に害を加えるものには攻撃を加えて自己を守ります。また、身体を維持するために他の動物を殺して食べたりします。しかし、今日の食を満たす以上のものを取ったり殺したり、自分に害を加えないものをわざわざ殺しに行ったりはしません。人間は今日の食のためだけでなく、明日の明後日の、いや老後の、子供達のための、いや人によっては全世界の富さえ欲しがります。また、自己に害を加えないのに、世界の人類の支配さえ企てます。利己主義は人間の特性です。なぜかというと、動物と違って自我があるからです。しかし、この自我は神のようにすべてを自己とする大我でなく、肉体に包まれた小我だけを自己と見る偏狭な自我です。ですからこの自我を守ろうとして、最初に私が申しましたように、「怖れ」「欲望」「感情」が出てきて利己主義というとんでもない悪を働くのです。

しかし、宇宙は光の行進、すべてが神に向かっている「神の学校」であるのに、人間だけが利己主義という悪を犯しているのでしょうか？　いいえ、やはり利己主義は本来悪ではありません。それは愛です。動物から人間になって、肉体で神性を包んで「自我」を持った人間は、初めて「愛することの出来る」ものとなります。愛の本質とは「自己自身を愛する」ことですから、肉体に包まれてその肉体だけを自己と感じている人間は、肉体である小我を愛するのです。これが利己主義です。ですから、利己主義は神と同じように「自己自身を愛する」神の愛の本質と少しも違っていません。ただ違っているのは、小さな小我を自己としている点だけです。

ですから、利己主義とは動物から人間になった若い神の候補者が、愛を学び始めている姿ではないでしょうか。こうして愛を学ぶことをしないことには、彼は決して神へはなれないのです。すべてを愛する者神に向かう最初の姿が、利己主義これです。神に向かおうとするいちずな姿勢がどうして悪ですか。

利己主義であればあるほど、嫌な奴であればあるほど、いっそう熱烈に神になるための愛の熱烈学習をしているのです。親鸞は「善人なおもて救わる、まして悪人おや」と申しましたが、これがそれです。神に向かうことの盛んなる者、これがなぜ本来悪ですか。小さいとはいえ、神に視点をピタリと向けた光です、善です。

もし、この世に悪があるとすれば、本来善であり光である利己主義を悪と見る、人間のその心ではないでしょうか。そうです。この心から地上に悪が発生しました。神は悪を一つも創っておいでになりません。利己主義をも光に向かう光として創っておいでになります。天使らも悪は作りません。動物も植物も鉱物も悪を知りません。とすれば、この世に悪を創り出したのは人間をおいて外にありません。その悪とは利己主義そのものではありません。それは光ですから。人間が創り出した悪とは、この利己主義を悪と見る人間の心です。人間は神と同じ主体性（自我）を持つから、このような創造が可能なのです。それに想念はエネルギーですから、人間が心に思ったことが、そのとおり実在となるのです。このように悪をこの世に創り出した張本人は人間です。こうして罪とか悪とかの観念が地上に発生しました。旧約聖書に、アダムとイヴが知恵の木の実「善悪を知るの木の実」を食べて堕落したと書いてありますが、このことを言ったのでしょうね。

こうして、悪という観念を持った人間が地上に発生し、この想念を持った人間が死んで他界に入って邪悪霊となり、地上の人間が盛んに発生させる悪の想念が栄養源となって、いっそうたけだけしい悪となり、ついに悪魔が発生しました。悪魔は悪を創り出した人間の創作物です。人間が悪の想念をもつ限り、悪魔は実在しつづけます。そうして人類を悪へと誘いつづけます。もし、人間が神の目から見た霊的宇宙観に立って、利己主義を神に向かう愛の初めと、思い直さない限りです。

ですから、聖者は利己主義を悪と見ません。憐憫の愛をもってこれを見ます。大いなる神へと向かう、神の子らの愛を学習する初めの姿として見ます。その利己主義によって本人が傷つき不幸におちいる姿を、憐憫の愛をもって見ます。聖者の目の中には一点のこれを悪として裁く心は存在しません。本来利己主義は神へ向かう必死の光ですから。

もし、私達が聖者と同じように、霊的世界観に立って利己主義を見るなら、地上から悪の想念は消えましょう。地上には愛と憐憫の思いだけが満ちますから、さすがの利己主義者も、動物がそうであったように、この愛に対して愛をもって反応するでしょう。しかし人間は動物以上ですから、つまり「自我」の所有者ですから、その次には自ら愛する者と変わるでしょう。こうして地上から利己主義が消えます。いわゆる罪も悪も消えます。もし地上天国が可能なら、こうする外に方法はないのではありませんか。私達が進んで地上から悪の想念を消すことのほかに。利己主義を悪として憎み、怒ってこれを叩こうとすることは、地上にますます悪の想念を生み、邪悪霊をはびこらせ、その長である悪魔を喜ばせるだけです。善悪とは戦いではなくて、悪の創出者である人間が自ら悪を消すことです。

私はこの講話のいちばん初めに、人間が幸福になるには、因果の法と人間が霊である二つの事実を知ることと申しました。そうしてこれを本当に納得するには、愛の本質を知ることと申しました。私達はいまその愛の本質をたどってここまで来ました。愛とは自己自身を愛することと知りました。そうして見てくると、宇宙は砂も木の葉も虫も人間も、いちように神に向かって歩いているのだと分かりました。動物から人間になった私達は、自ら愛することの出来る神と同じ「自我」の所有者となって、いま盛んに自己を愛することを学習しています。利己主義はその一番初めの姿です。じっくりこれの勉強がすすめば私達は神に近づきます。

ですからこれを憎んではいけません。もし確かな悪と見ていた利己主義が本来悪でなければ、いったいどこに悪があるでしょうか。私達がこう知ることによってこの世から悪の想念が消えます。悪の想念がなければ、悪に反応するものがないから地上から悪が消えます。これが地上天国であって、また私達個人の幸福です。

皆さん、私達が愛とは自己自身を愛することだと本当に知れば、自分が幸福になり、世界に平和があるのです。因果の法をしること、人間は霊と本当に知ることは難しいと思いましたが、私達が愛の本質を知りさえすれば、右の二つを知ったと同じように、自分は幸福になるのです。愛をしることは、誰も憎まなくなること、すなわち神のようにすべてを愛する者となることです。それはまた、神のようにすべてを自己と見るように近づくことではないですか。そうです。愛の本質を本当に知ることは、神とひとしく、すべてのものを愛し、すべてを自己と知る、そうなることです。

いま、私達はそういう神と同じ霊的世界観に到達しました。いわば神の目をもって、神の視点から世界を見ているのです。「愛の学校」とか「神の学校」とか、これが宇宙です。私達はこの視点を失わないようにしなければなりません。自分が幸福になるために、世界がよくなるために。この神の目を常に私達のものとして持ちつづけなければなりません。それは言い換えると、自我のレパートリーを拡大して、神と等しくすべてを自己と知るということです。また、愛のレパートリーを拡大して、すべてのものを自己として愛することです。これが神の目であり、神の視点です。私達はここに到達するために、いま「神の学校」に学んでいます。では、「愛のレパートリー」の拡大と、「自我のレパートリー」の拡大の二つの壮麗な事業を確実にするために、もう一歩入って考えます。どうしたら、人間はいつもすべてを自己と見、すべてのものを愛しつづける、そうしたものになれるのか。つまり、神の目を確保する方法ですね。

三、すべてを自己と知り、すべてを愛するに至る法

愛のレパートリーの拡大と、自我のレパートリーの拡大は一つのことです。何となれば、すべてのものを自己と知るとき、私達はすべてのものを愛せるようになるからです。

この二つの拡大は三段跳で行われます。というのは、神は愛であり、私達の自我は神性です。ですから、私達が神を発見すれば、そのたびに、その分だけ、愛と自我が拡大されるわけです。そうして、神の発見は私達の霊の目で発見します。なぜかというと、神とはもともと霊ですから、霊の目でないと見えません。さて、人間の霊の目は人生で三度大きく開かれます。これが法です。ですから、私達の神の発見は三度、そのたびに私達の愛と自我のレパートリーの拡大も三段跳というわけです。

第一跳躍のホップ、これは肉体に包まれた自己だけを自分と思い、それだけを愛することです。いわゆる利己主義です。これは動物から人間に昇格した最初の段階で、小我一つ

の愛です。これにはもう説明を要しません。私達が毎日それを実行しているのですから。

第二跳躍はステップ、これは「神の発見」です。およそ人の目はいつも外へ向かっています。それは衣食住をまかなうために、物を得、肉体に包まれた他者と交流せねばならぬからです。日常はそれで間に合うわけです。物質だけを見、物質のことだけを考えていれば。

しかし、神の発見とは物質を見る肉体の目では見えません。内在の霊の目が開かないと。それはいつ開くかというと、人生の危機に際してです。すなわち苦難（病気・事業不振・家庭内不和・人とのいざこざ等）で霊の目は開くチャンスを持ちます。それは今まで外へ向かっていた目が、不意に内へ向けられることがあるからです。

苦難とは、神から人へ贈られる愛の花です。苦難はカルマの集積ですね。つまり、自分が過去に播いた失敗の種が芽を吹いて花をひろげたものです。この時、人はにっちもさっちもいかなくなって絶望します。この時絶望したらもうおしまいです。ヤケになるか、悪や罪を犯して切り抜けるか、ずるい方法で逃げるか、いずれにしろカルマを重ねて、もっと大きな苦難が来てこの人は身を滅ぼします。しかし、「何とかなるさ」「何とかしてみよう」「どうとでもなれ」と捨て身で立ち上がれば道が開けます。この人は外に向けていた目を内へ向けたのです。すなわち、物とか金とか人の力とか巧みな弁舌とか術策とか、今まで頼りにしていた外界のものが全部駄目だと分かったので、絶望したのですが、何とかしようと立ち上がったのは全く違った反対の内へ目を向けて、そこに何かしら力を触感したのです。それが何であるかは分からないけれど、だから立ち上がろうとしたのです。

これが内へ向けられた目です。この時、すぐに新しい発動が始まります。内へ人の注意が向くと、そこに鎮座している神の子が目を開いて波動を出します。この波動に守護霊が待っていましたとばかり波長を合わせて活動します。これが奇跡です。何となくうまく事が運んだ、思いがけない良い結果が出た、素晴らしいアイデアが浮んで道が開かれた、不可思議な霊的現象を体験した。さまざまですが、ともかくこの人はこの時、自分のほかに自分を超える別の大きな力が存在することを感得したのです。これが神の発見です。この体験を重ねると、人はありありと、小我を超えて存在する神を外に確信します。

ですから、苦難は神から人へ贈られるプレゼントです。神という大いなる我の存在を知って、神を愛します。すなわち、小我と大我の二つを愛する人となったのです。これが愛のレパートリーの拡大、また自我のレパートリーの拡大ともいえましょう。

この人の人生は一変します。動物から人間になったばかりの利己主義から、神を知ったまさしく人間へと変貌します。なぜかというと、神をおそれます。もう悪いことは滅多にしてはいけないと、今までの我ままな利己主義から足を洗います。第一に神を敬います。神はもしかしたら法であるかもしれぬ、この世は少なくとも大いなる神の力が支配していられると崇敬します。だから神のご意志に従おうと、善を心がけ善行に努めます。第三に感謝をもちます。神が守っておられるのを知り、その感謝を他へお返しせねばならぬと思い、奉仕を志すようになります。こうして、神を愛することを知った人は、悪を行わず、善行につとめ、奉仕を志す人に生まれ変わります。これはこの人に霊の目が開けたからです。皆さん、まことにカルマはその内に甘露の蜜をもつ、神から人へのプレゼントの花ではありませんか。

しかし、この人はこれで完全というわけではありません。この人の善行と奉仕には限界があるのです。なぜかというと、この人は外に神が在ることだけを知り、まだ自分が神であることを知らないからです。すなわち自己内在の神の存在に思い至っていないからです。

この人はたしかに、小我である自己と、大我である神の、二つを愛する人とはなりました。しかしまだ、他者が神、草も木も神であることは知っていない、すなわち万象を自己として愛するところまではいっていないのです。

なぜかというと、この人にとって自己とは、大いなる神の前にあって、凡夫なのです。自己が神の子であることを確信していなければ、どんなに人は神の子ですよ、人はみんな同胞ですよと言われても、そうは思えません。神が外に在ってその神の力や存在が大きなものに見えれば見えるほど、自己はその前でミジンのような凡夫に見えるのです。これがまだ自己内在の神を発見していない人の実状です。

ですから、この人は自己が凡夫だから、もちろん他者も凡夫です。従って、人を裁きます。こうあるべし、それはいけないと、そういう目で人を見ており、いちいちとがめたりいさめたりします。それが善意であるように本人は思っているのですが、そのために人を怒ったり時には憎んだりの感情が絶えません。人を裁くとは、自分も他者も良くない感情で（そうです、世界そのものも）傷つけることです。それだけならいいのですが、お互い凡夫である人と我れですから、人のちょっとした欠陥に目を付け、それがまるで巨大な我れと人との差であるかのように思い込んで、しばしば高慢におちいります。自分は神を知っており、人が知らないと思えば、いっそうそうです。どうしても、人が神であることを知らないうちはそうなります。

それに、決定的な一事は、どうしても奉仕に徹し得ぬことです。なぜかというと、この人にとり他者は凡夫です。自分もそうだからそうなのですが。しかし、お互い神の子ではない凡夫と凡夫では他者です。どんなに坊さんや牧師さんが兄弟ですよと言っても、もともと神の子同士ではない凡夫と凡夫に、どこで血がつながっていますか。血が通っている実感がなければ他者です。人は他者ですから、本心からの奉仕はつづきません。愛とはその本質において自己自身を愛することですから。

そこで、第三跳躍目のジャンプが必要なのです。ジャンプは人間の大いなる飛躍です。「人は神」であることを知ることですから。

外に「神が在る」と知っただけでは、神を知ったことになりません。神は内にも人間の内部にもあるものですから。この内なる神の発見が、人間が三度目に目を開く大事な霊の目の開眼です。自己が神であることを知る時、他者も神です。同じ神性を人の内にも自己の内にも、そうして大いなる外の神にも同じものを見るからです。もはや神において自己も他者も一体です。

疑いようもない自己だけを、人にも神にも、そして万象の中に見る時、どこに他者がいますか。「自己自身を愛すること」が愛ならば、この人の愛のレパートリーは神と共に拡がっています。もちろん自我のレパートリーも、人と万象を包んで神の懐の中で一つです。奉仕がこの人の人生ですね。人への奉仕、動物・植物・鉱物への献身、これら自身が神への愛です。自己も小我である自己のためでなく、人々と万物のために役立つように大切にする、これ自身が限りない神への愛です。

さて、この第三ジャンプである、自己を神と見ることはどのようにして起こるのでしょうか。第二の神の発見は、一度か二度か数度の、苦難にあって霊の目を開くことで達せられますが、この第三ジャンプは、いつも霊の目を開いておくことの状態です。

さて、それはどのようにして？　これには二つの方法があります。自分の霊の目がいつもむき出しのように開いていることですから、余程、内在の神の子（神性・スピリットである霊）の目を大きく開かせておかねばなりません。いわば神の子を大きく育てることですね。（神の子はもともと大きくも小さくも形はないのですが、本体や霊体の媒体に包まれていて、その本体や霊体が未発達だと、それに応じて神の子は少ししか顕現できないので、小さいとか大きいとか、育てるとか、言うのです）。さて、この神の子を大きく育てるコツは一つしかありません。奉仕です。それともう一つ、この育った神の子に焦点を合わせる方法としての瞑想。この二つが内在の神を発見する道です。

　奉仕をすれば、どうして内在の神の子が育つのでしょうか。奉仕とは愛ですね。愛とは神の本性ですね。とすれば、私達が奉仕をすればするほど、神性の光が私達内在の神性である神の子から放射されたことになります。神はもともと光であり、波動であり、この光であり波動である光の霊原子（光子）が、私達の本体に付着して、本体そのものを光らせ太らせます。それにつれ（この光霊原子から発する精妙な波動で）私達の霊体も肉体も浄化されます。霊体のオーラは外に大きく拡大されて光り輝き、幽体は浄化された原子になって嫌な感情を発生させなくなり、肉体は血液の浄化、内分泌腺活動の正常化、神経活動の調和がとれて健康になります。すべて、生命の根源である神、すなわち内在の神性の発現によるものです。奉仕するたびに、こうして光霊原子の放射があって、確実に私達の本体は大きくなり、常に神の子が私達の内部で目を覚ましている状況になるのです。これが内在の神の発見です。つまり常に神を内に自覚している状態です。

　次に、この目を開いた内部の神の子に、現実の私の心がいつもつながって活動しておれる、そういうくせ、そういうつながりの強化をしておかねばなりません。この常住のつながりの強化をしておかないと、ふとした外界の出来事で、一時的に自分の心と神の子が切

郵便はがき

料金受取人払郵便

鎌倉局
承　認
6170

差出有効期間
2025年6月
30日まで
（切手不要）

248-8790

神奈川県鎌倉市由比ガ浜 4-4-11

一般財団法人 山波言太郎総合文化財団
でくのぼう出版
読者カード係

読者アンケート

どうぞお声をお聞かせください（切手不要です）

書　名	お買い求めくださった本のタイトル
購入店	お買い求めくださった書店名
ご感想 ご要望	読後の感想 どうしてこの本を？ どんな本が読みたいですか？ 等々、何でもどうぞ！

ご注文もどうぞ（送料無料で、すぐに発送します）裏面をご覧ください

ご注文もどうぞ

送料無料、代金後払いで、すぐにお送りします！

書　　名	冊 数

ふりがな	
お名前	
ご住所 （お届け先）	〒 郵便番号もお願いします
電話番号	ご記入がないと発送できません

ご記入いただいた個人情報は厳重に管理し、
ご案内や商品の発送以外の目的で使用することはありません。

今後、新刊などのご案内をお送りしてもいいですか？

はい・いりません

マルしてね!

れる、そういうことがあり得るからです。このつながりの線を太くしておくこと、ちょっとやそっとの外界の不協和音ではビクともせぬ強さを持たせておくことです。これは「瞑想」の努力によって達せられます。

瞑想とは、いつも外に向いている人の心を、逆に内に向かわせる方法です。ですから、人はいやでもおうでもどうしても外に注意を向けて生きねばならないのがこの世ですから、一日に一回はこの瞑想で心を内に向かわせることが必要なのです。でないと、神の子が自分とつながるチャンスが一日に一回もない、そのおそれがあります。

さて、内へ向かう瞑想時の心とは平静心です。世の雑音、あれこれの出来事や心配から、一時的に遮断された静かな心です。この平静心こそ瞑想の目的とする内に向かっている心の状態です。

そこで、平静心が容易に得られる瞑想が秀れているわけです。もちろん、本人の真剣味や努力でそうなれるのですが、もう一つ、呼吸と平静心と深いかかわりがあるという事実があるのです。呼吸が細く長く静かになれば、しぜんに心が静まり平静心が得られます。心と呼吸は密接な関係があるのですね。従って、瞑想は呼吸法を伴った瞑想の方が優れているわけです。

次に、瞑想の時だけ平静心となり、瞑想をやめたらすぐにネジが戻ったのでは、うまくないわけです。できたらいつも平静心でいたいものです。これは奉仕の実践と瞑想の修練でそうはなれます。しかし、この世は雑音騒音が多すぎるので、必ずしもいつもそうであるのは難しいことです。そこで、常住の平静心を保つためには、つねに丹田（たんでん）に力がこもっていることが大切です。なぜかというと、丹田に力がこもっていると、しぜんに呼吸が腹式呼吸となり、静かで細い長い呼吸が得られるのです。これが日常の平静心を保つコツです。この平静心あればこそ、内在の神の子と自己の心が結び付きを得ておれるのです。従って、瞑想の呼吸法とはこの丹田力を養成できる丹田呼吸法が最も理想的なのです。

さて、日本では、芸能とか武術のことを芸道とか武道と呼びます。それらは単に遊びやレジャー、スポーツや体育や競争ではないわけです。「道」なのです。道とは人間の道というように、こう歩かなければそこへは着けませんよという筋道のことです。その筋道とは神へ人が結び付くための道です。つまり、人が神と結び付いていることが「道」です。さて、日本で武道・芸道・茶道・華道などというのは、単にその技術だけを学んでうまくなればそれで良いというものではないのです。それを通じて神と結び付くことが本来の目的なのです。技術より魂の修練、すなわち人の魂が神と結び付く状態、これを理想としているわけです。何故かというと、そのとき神気がおのずから人に流入して、技術においても品格においても最高のものが獲得できるのです。

さて、武道・芸道において一番大切にするのは、臍下丹田に力がこもっていることです。これが人の魂が神と結び付いているコツなのです。このことを古来日本人は知っていたのですね。ですから武道など免許皆伝を受けるには、常住の丹田力が要求されました。また舞いでも茶の道でも、丹田に力を置いた姿勢にその極意がありました。

日本人は、武道や芸道という言葉が使われる以前から、そのことを知っていたようです。それは古神道というものがあります。これは日本人の本来の宗教です。これには経典も教義も戒律なども一切ありません。それでいてなぜ宗教かというと、「神ながらの道」という言葉があります。古神道とは神ながらの道なのです。神ながらとは、「神流れ」とも「神そのまま」とも解せられます。どちらも同じことです。つまり、神が人とつながって神気が人へ流れているのが「神流れ」です。人と神がこのようにつながれていれば、人はそのままで「神そのまま」です。これが「神ながらの道」であり古神道の本質です。だから教義も経典も不要です。ただ、人と神とつながるコツさえ分かっていれば。それは「清明心」です。清らかで明るい心とは、人と神と万物が一つになっている時そうなのです。

日本人は万物に霊があることを知り、自分も霊であることを知り、神も偉大な霊であることを知っていました。もともと三つが一つだとわきまえていました。すなわち、私達が今ここまで長々とたずねて来た、人間の第三跳躍目の「自己は神、他者も神。ゆえに神と自己と他者は一つ」をちゃんと心得ていたのです。「神ながらの道」とはこのことを言ったのです。

さて、他者も自己も神と一つである、それを常住わきまえて腹におさめておくコツが丹田力です。日本人はこのことも知っていて、これを武道や芸道の極意として表現したのですね。ですから、人間が丹田力をもつようになることは、人間が愛と自我のレパートリーを神と同じ域にまで拡大しておく、一種の秘義のようなものです。

話を元に返します。瞑想とは神の子と現実の自己を一つに結び付ける通路です。その結び付く時の心が平静心です。平静心は呼吸法を伴った瞑想の方が得られ易いのです。そうして常住の平静心を保つには、丹田呼吸をもつ瞑想が理想であるということです。

では、丹田呼吸式瞑想をしっかりやれば、それで人は神と一つになるのかというと、そう単純ではありません。最初に申したように、瞑想は内在の神の子と現実の自分とが一つになる道です。肝心かなめの内在の神の子が貧弱では、かりに結び付いたとしても大したことではありません。ですから内在の神性の育成、すなわち顕現こそが先決です。これを抜きにしていくら瞑想のやせ我慢を続けても何にもなりません。神の子の育成とは、最初に申しました、日常の奉仕これ人生の実践です。

さて、その上で瞑想をやれば、それでよいか？　それでよいのです。ただ、瞑想する人の肝心なポイントを一つ申し上げます。瞑想は動機が万事を決します。どんな目的で瞑想しているか、これ如何で魔道につながったり、天上の神につながったり、雲泥の差が生じます。何事も動機が肝心、まして瞑想においておや、です。

第一に、瞑想を利己主義な目的で行う者、これは確実に魔道に堕ち、邪悪霊の餌食となります。利己的とは実利的なことの一切です。特にいけないのは霊能・超能力の獲得だけを目的としたもの。まして、これに金銭や名誉欲などが加わっていては、全く救いようはありません。たとえば病気治しだけを目的とするのも一種の利己で、ほめた事ではなく危険もあるのです。

次に、自己の魂の進歩のために行う者、これは通常の瞑想でまずはよいでしょう。ただ、自分一身だけの進歩を目的とすることは一種の自己主義で、神性の目覚めには至りません。それは小我だけの愛で、まだ外に在る神の発見にまで至っていない人の瞑想だからです。

第三は、自己の魂の進歩を、世のため人のために役立つように、神のお役に立つようにと、この目的で自己練磨する人。これは最高の瞑想で、瞑想はこうあるべきです。この人なら神性の開眼へと至るでしょう。ただ、ここで留意すべきは、自分の心では世のため人のためと思いながら、潜在意識の底で、それで霊能発揮したい、自分を相当の者にしたい、そういう自己を思う心があると、それは世のため人のためとは違うのです。まだ、人が内在の神に気がつかない間は、この過ちをしばしば繰り返します。

実は、右の最高の瞑想以上の道があります。これは自己の進歩そのものを、瞑想の動機と目的から放棄したものです。それは無私・無償・奉仕の瞑想です。もともと瞑想とは、神の事業である。世界の進化と人類の幸福に役立つことです。何となれば、瞑想で人が神と一つになるとは、人が神のエネルギーの通路となることですから。それは丁度、樹木が太陽のエネルギーを受けて、自己の体内を通過さして、世界に必要な酸素として放出する。あれと同じことです。ただし物質の酸素でなく、霊的酸素ですが。それは即ち、神のエネルギーを自己の体内を通過さして、木のように光合成作用をするいとなみです。ですから、人は自分の上に、進歩の見返りさえ求めないのです。完全な無私・無償・奉仕です。それはいわば、人が天と地を結ぶ意志の流れる一本の管となっている姿です。私はこれを「生命の樹」と呼びます。

人が木になるのですから、これはもう瞑想ではないかもしれません。しかし、確実にこうすれば神のエネルギーが、この生命の樹となった人の体内を通過するのですから、この人は「神ながら」です。神気がその人を流れており、宇宙浄化に尽すその仕事において神の子の任務を担当しているのですから、神の子そのままの姿です。奇しくも、日本の古神道の理想を具現した姿です。私はこれを「黙想正座」と呼んでいます。

さて、私はこの稿の最初に、人は幸福になるには、因果の法と人間は霊であることを、腹の底から知らねばならぬと申しました。それをそのように知るには、愛の本質が自己自身を愛することだと、そう知ることだと申しました。それが神である愛の本質ですから。私達はこの愛を学び、遂には神のように、すべてのものを自己と知って、すべてを愛する者となる、即ち神になるのだと申しました。そのために開設されているのが宇宙の「神の学校」です。私達は今そこで学んでいます。そのような霊的視点で万物を見れば、宇宙は善の流れ、神へ神へと光へ向かう愛の学習者の流れです。私達はこの素晴らしい宇宙に住んでいます。

このような神の目を持つことが、幸福になる原点です。本来善である宇宙を、善であると見、光であると見れば、この宇宙に誰一人悪を創出する者はいなくなって、自他ともに地上天国になるのです。

この神の目とは、私達が一日も早く神のように、自我のレパートリーと愛のレパートリーを拡大することです。その方法として私は二つの方法、日常の奉仕と正しい瞑想の法を申し述べました。私達が「神のようにすべてを自己と知るとき、すべてを愛することが出来る」と、ただ言葉に酔っていてはいけないので、私達は確実にそのようになれる者、またそのようにならねばならない者です。かつて私達がそうであったように。しかと、自分が神の子である事実を踏まえて、奉仕と瞑想に励まねばなりません。人々よ、地上に生命の樹がさわにはびこる時、その時が地上天国です。

●第六章……光の使徒を選ぶのは貴方自身です

一、光の使徒は志願制度

百人の光の使徒が集まれば世界が変えられると、常々私は申していますが、それはどうしてか、またなぜそういう必要があるのか、そういうことについて今回はお話し致します。

いま地球が大変動期にあるのは、心ある人ならみなお気付きのことでしょう。いわゆるアクエリアス時代（みずがめ座の時代）に入りつつあるのです。それはどういうことかというと、天文学的にみて地球の状況に変化が起こりつつあるということです。つまり、わが太陽系の太陽は約二万六〇〇〇年で黄道（太陽が天球を動く道）を一周します。それにつれて地球と太陽を結ぶ線上にある星座が違ってきます。黄道を十二等分するとき、十二の星座がそこにあります。これを十二宮といい、それぞれに名前がついています。一つの星座の時代は十二等分ですから、約二一五〇年です。これを一エージ（一時代）とします。そのいみで、今までは双魚宮（うお座）の時代だったのですが、今や宝瓶宮（みずがめ座、アクエリアス）の時代に入りつつあります。地球から見て太陽を結ぶ線上にある星座が変わってきますと、その星座のもつエネルギー（磁力）が当然地球に違った影響を及ぼすことになります。これは占星術でそういうことを言いますが、密教（太古の英知）でもそのように言います。わが太陽一個でさえ莫大なエネルギーをもちますから、星座ともなれば、当然そこにはかりしれない影響力があると考えてしかるべきです。星座にはそれぞれ違った個性（違った種類のエネルギー）がある筈です。従って時代が変わると、地球に及ぶエネルギーに変化が起こって、そのために地球上の人間の生活や文化やものの考え方にまでその影響が起こることになるのです。この大変化がいま起こりつつあるのです。

約二〇〇〇年に一度の変化です。いいえ、このたびの変化は実はもっともっと大きいもののように考えられます。一つは、みずがめ座のエネルギーは愛と平和と統合のエネルギーです。ですから、人類は一つに、ものの考え方や文化も一つに、今まで分裂していたものが愛によって一つにうまく統合されていく時代に、われわれは今入りつつあるのです。これは大変化です。しかし、このたびの変化はもっと、つまり二〇〇〇年に一度という以上に、大規模のもののようです。それは神霊界から地上への霊力の投入の働きかけが異常に大きいのです。今まで分裂していた人類を一つにするのですから、莫大な霊的エネルギーの投入があって当然ですが、それ以上に異常です。何が何でもこのたびの人類の融和統合は成就させねばならない、「霊的真理はこのたびは地上に必ず定着する」とシルバー・バーチは断言します。ということは、もしそうならなければ地球は大変なことになる、そういう裏があるわけです。つまり、みずがめ座になっただけでなく、今回のアクエリアス時代は天文学的にみて、もっと奥深い宇宙的進化発展の変化とかかわっているということでしょう。

もし、失敗したら地殻変動のようなこともある。すなわち陸地の陥没、新しい大陸の隆起、そういうことが全くないとはいえない。それがノストラダムスの預言や、エドガー・ケイシーの預言などにチラリと出て来るのでしょう。シルバー・バーチはハルマゲドン（善悪の闘争で人類の終末が来るという信仰）ということはない、ホワイト・イーグルも間違いなく地球上の物質的変化は起こるが突然の破局が来ることはない「世界に大悲惨事が起こると予期することは不賛成である。皆さん、私達は保証しておく、地球に一大破局は起こらない……もし、人々が思念によってそれを創らない限り」と言ってくれています。

ノストラダムスなどの預言を盲信して、人類の破局を予期することは愚かなことです。その想念によって現実にその破局を招来するからです。逆に建設的な気持でアクエリアス黄金時代を迎える希望に生きることです。ただ、時代の変化が現実にきびしいので、ここで人類の大きな覚醒がなければ危機はある、それは戒めとして心に刻んでおくべきでしょう。

新時代は必ずきます。それはみずがめ座からの統合のエネルギーが投射されるからです。更に宇宙的な規模での愛や平和のエネルギーが投射されるからです。それに地球神庁でのかつてない霊的エネルギーの投射活動が行われているからです。バーチの断言どおり、今回は霊的真理は必ず地上に来て定着します。すなわち新時代が来ます。

ただ一つの条件があります。地上に光の使徒（神の通路となる人）が少なければ、新時代は来てもその前に破局があります。光の使徒の数が多ければ、平安裡に新時代が来ます。問題はこの光の使徒の存在いかんです。

なぜそういうことが言えるのかというと、実はこうです。変革のエネルギーである宇宙からの平和や統合のエネルギーは、強すぎるので、直接人間には作用できません。もしそんなことをしたら人間は悶絶します。これは地球の神庁で一度うけとめられます。そこの神霊たちから人類へ向けてワンステップをおいて投射されます。しかし、このエネルギーさえもまだ一般の人類には強すぎて直接作用しません。すなわち波長が違うので一般の人々には受信できないのです。そこで、人類の中のこれら神霊と波長の合う人々、すなわち光の使徒たちの存在がどうしても必要なのです。地球神庁からの変革のエネルギー（愛と平和の想念）が光の使徒たちに受信され、この光の使徒たちの活動を通じて一般の人類へとそれが及ぶ、そういう段取りが必要なのです。光の使徒とはいわば神霊たちの協同者です。ホワイト・イーグルが神の協同者が必要と言っているのはこのことです。シルバー・バーチもこの意味で「霊的真理に気付く人達がみんな団結すれば、大事業が達成される」と叫んでいます。

ですからお気付きでしょう。神の通路となる光の使徒の数が多ければ、多数の人類が感化されて無事に新時代が来ます。もし少なければ感化される人類の数も少ないわけですから、そこに大きな問題が生じます。第一に悪魔（悪は人間が創ったものですから、根っからの悪魔はいません。しかし人間が創った以上現実には存在して神の事業に反抗します）がはびこって、新時代の到来を妨害するので、そこに戦争・災禍・人心悪化・自然現象への悪影響が発生します。また、今回の新時代の到来は、悪魔の妨害があっても必ず実現するものですから、また神庁としてはどうしても実現させねばならないものですから、どうするでしょうか？ いま、いわゆる新人類（新しいエネルギーに反応できる魂）、すなわち愛・平和に関心をもち霊的なものに敏感な魂の出生が進んでいます。これは神庁の政策です。それはアクエリアス時代を現実化するのにどうしてもこれらの魂の存在が必要なのです。同じくこのことを裏返すとどうなるでしょうか。旧人類で新時代を理解せずこれに反対する者は、新時代の実現の邪魔になります。といって、神庁がこれらの人達を抹殺することは決してあり得ないことです。しかし、これらの人達は結果的には同じ運命をたどることになります。もし光の使徒の数が少なければ、悪魔の妨害が烈しいから、大きな破壊や混乱を伴いながら新時代へと移行します。この破壊や混乱で傷つき倒れる人達はどんな人でしょうか。それは新時代に反抗し、または無関心で非協力的だった人達です。それは悪魔がそうするのではなく、まして神庁がそうするわけではありません。法則により自然の結果としてそうなるのです。すなわち、戦争や災禍で被害者となる人は、個人のカルマや家のカルマでそうなるのです。このときもし守護霊の助力が得られればその難を避けることができます。しかし、愛と平和の心が乏しければ、守護霊との波長が合いませんからその助力を受けることができません。神はすべての人を助けたいと思っても、その人には波長が合わないので助けられないのです。これがその結果です。

更に、これらの人達の多くは、再び地上に再生してくるチャンスはなくなるでしょう。このことについては、アラン・カーデックが『霊の書』で、このような霊魂の多くが、もっと次元の低い濃厚な物質の天体へと再生していく運命について霊示を記しています。なぜそうなるかというと、アクエリアス時代は愛と平和のエネルギーの時代ですから、これに反応しない魂は再生しにくくなるのです。そうでないと神界の計画であるアクエリアス黄金時代は実現できませんからね。いま地球は浄化の一大転機にあります。これに気付いてこの事業に協同する人達が生き残ります。この意味で私達は今、自分で自分を選別する異様な転機に立っていると言えます。

ですから、悪魔の跳梁（ちょうりょう）を許してはならないのです。この時代の変化の時に、絶対に混乱や破壊現象を起こさせてはいけないのです。誰でもが生き残り、みんなでアクエリアス黄金時代を迎えるために、いま沢山の光の使徒が出て、神庁からの霊的エネルギー（つまり霊的真理）を出来るだけ沢山の人に伝えて、一人の傷つく者もないようにして新時代を迎えねばならないのです。シルバー・バーチの会はそのような目的で存在しています。百人の光の使徒よ出でよと叫ぶのは、自分達が生き残るためでなく、皆で生き残るためです。いいえ、皆が神の協同者となって、良い新しい時代に入るためです。

そんなことといっても、光の使徒（神のエネルギーの通路）など、とても大それたものに自分はなれないと思われるかもしれません。ではホワイト・イーグルの言葉を記します。「どんなにつまらない人間に思えても、人はすべて神の通路となることができる」「人はすべて神の通路となるために生まれている」「神は人が神の通路となるのを待っている」「自分一人では無に等しいことを早く悟るように。神の通路となればハイアラーキー（地球の神庁）と協同する」

すべての人が光の使徒の候補者です。世界人口の半分の二十五億人が光の使徒になれば、今日たちどころに地上天国です。そんなことは望めないにしても、いま百人の光の使徒が集まれば、やがてそうなることが可能なのです。それは光の使徒からは莫大なエネルギーが放出され、人々を感化するからです。それに光の使徒は誰でも今すぐになれます、志願制度なのです。

志のある人が決断をすれば、その時から光の使徒です。決断とは、新しい時代の価値原理である愛と奉仕に徹して生きて、決して妥協や打算をしないということです。その今ある家庭で、職場で職業で、一人で居る時も愛と奉仕の生活に徹する、単純なこの一事です。出来なくてもそれに徹する努力をするその決断です。出来ますか？　この決断をした人が光の使徒です。

決断一つが条件というのは、光の使徒は志願制度だからです。なぜ志願によるのかというと、志願――すなわち奉仕に生きる生き方の変化を決断した時に、内在の神の子の目が開くのです。この神の子の目が開かなければ、神の光の通路となることが出来ないのです。人が愛に目覚めて神の子の目を開くとは、新しく生まれることです。光の使徒とはこの新しく生まれた人のことです。

人は再生の時に光の使徒たらんと決心して、このアクエリアスの変革の時代を選んで生まれて来ている人がいます。また神庁からの使命を受けてこの時に生まれて来ている人がいます。しかし、これらの人のすべてがその使命や決心を思い出しているわけではありません。その相当部分は今なお忘れたままです。人は出生の時に一切の記憶を失います。ゼロから出発して、地上で物質経験を経る中でそれを思い出さねばならないのです。この決断が神の発光点となるからです。しかし、中には物質に溺れたり、とんとん拍子に出世してうまい汁を吸ったので、とんと決心や使命を忘れたり、または少し思い出しかけても思い出さないようにしている人達がいます。こういう人達は光の使徒ではありません。神の子の目をつぶっているからです。すなわち神からの光が通じる神の子の目を塞いでいるからです。

しかし、中には地上でのいろいろな経験で、新しく自覚をもって、光の使徒への志をもつ人がいます。この人達は出生前の特別の使命や決心はなかったのですが、地上での進歩や変化によって志をもったのです。この人は光の使徒です。その新たなる決断によって神の子の目が開かれたのです。私の推測によると、百人の光の使徒の中の六割は前者の人、四割は後者の人で構成されるようです。皆さん、あらゆる人に光の使徒となるチャンスがあります。職業・学歴・地位・性別・皮膚の色・身体の状況のいかんを問わず、すべての人が自分で自分を光の使徒として選ぶ選択のチャンスの前に立たされています。時代は人類が地上天国ともいうべきアクエリアス黄金時代を迎える、破天荒の転換の時にあります。神庁のアカシック・レコードに、また貴方個人のアカシック・レコードに、偉大な時代転換の時の光の使徒であったその名が記される稀有のチャンスが貴方の前にあります。

決断をした人に与えられるのは神のペンダントです。偽のペンダントは宗教団体や霊能者が売り出しているお金で買う物質のペンダントです。それを買うとご利益があるとか不思議な力を受けるとか吹聴していますが、みんな一時的で、それにのめり込むと魂を奪われます。しかし光の使徒が貰うペンダントは、霊的なペンダントで現実にその胸に吊されるもので、しかも不滅の神の光を発するものです。貰うというのは本当は正しくないのです。その宝石は神の子自身です。すなわち今まで胸の中に磨かれずに隠れていた神の子の原石が、光の使徒への決断で、神の子が目を開いた、つまり原石から神の光が発光しはじめたということです。それは無限の光を秘めた神の宝石です。それはその人の使命の道（宗教・科学・政治・経済・芸術・医術など）で七色のうちのどれか一つの光を発する石です。ですから貰ったものでなく、自分自身の石です。しかしそれを胸に吊す黄金の鎖は貰うものです。それは神の子と神をつなぐ連鎖の鐶で、守護霊・地球神庁・太陽系神庁・銀河系神庁・宇宙神庁へとつながる動脈です。これにより人は「自分ひとりでは無に等しい」のですが「神の通路となるとハイアラーキー（地球神庁）と協同する」偉大な者となるのです。これが光の使徒です。そうなる源は本人の決断で、これで内在の原石が発光してホンモノの宝玉となると、神庁から連鎖の黄金の鎖を受けて、これが本当の神のペンダントです。

これをつけると、その人は変化します。神庁からの特別の保護と指導が加わるからです。それはそうです。神庁が総力をあげて推進しておられる地上変革の大事業に、なくてはならない神の通路となる貴重な存在ですから、神庁は強力な保護指導をされるわけです。進歩と幸福は絶対の保証付きです。必要なかぎりの職業や仕事や針路の上での人生の転換が起こります。その人が光の使徒として働ける最良の状況へと導かれていくのですから。つまり運命の転換が起こります。神霊の加護と指導ですから、狂いなくまたその人にとり最高の結果へと導かれていきます。

いかがですか、そういう道を選んではみられませんか。この偉大な世紀の時に、かつてない貴方の人生の光輝を放ってはみられませんか。

但し、一つだけ問題がないことはありません。光の使徒はすべてテストを受けます。といっても学校のテストのようなものとは全く違います。人生の試練です。光の使徒として働くためには、それだけの霊智と信念の力がなければなりません。それを身に付けるための経験が試練つまりテストです。それは人によって違いますが、病気とか事業上の行きづまりとか、対人関係とか家庭問題とか。それをすでに経過したから光の使徒になっている人もいますが、これから受ける人もいます。しかし、これらの試練はすべて百パーセント克服できるものです。愛と奉仕の信念をもってこれに向かえばです。元々この信念を強化するためのものがテストですから。人はこれによって一層強力な光の使徒となります。いかがですか、光の使徒となることは、だから決断が必要なのです。

二、光の使徒である条件は？

では、光の使徒とは何でしょうか。どのような人が光の使徒と認められるのでしょうか。これについては前に申したことがあります。光の使徒とは「霊的真理を理解し、これを人に伝えることのできる人」であると。さてこの霊的真理ですが、何を知ったら霊的真理を理解したと言えるのでしょうか。これは単純です。霊的真理の根源は因果の法にあります。われわれの全人生をつつみ、天地万象の働きの根源にこの因果の法があります。ですから因果の法を正しく知る人は、霊的真理を理解していると言えます。

因果の法を正しく知るとは何でしょうか？ 皆さんは、自己の現在の環境・境遇・日々に起こる出来事、これらを誰の責任とお考えでしょうか。これを誰のせいにもしない人は、先ず因果の法が分かっている人と考えられます。なぜかというと、現在の自分の環境も出来事も、その一切の作成者は自分自身だからです。これが因果の法です。ですから、これらを人のせいにする人は因果の法が分かっていない人、すなわち光の使徒ではないのです。

なぜそういうことが言えるのか？ 因果の法の根源の意味は何か。これについては既に

「霊的真理を普及するためのポイント」（第二章）の中で述べたことがあります。実はあの話をしたのは、二月末の例会の時でしたが、その時にこんなことがありました。話を始めたところ、会場が少しざわついていたので、私は思わず、「今日はいつもと違うのですよ、特別の神霊がおいでになって傍におられるのですよ。皆さん、しっかり聴いて下さい。心ある人なら気付くはず、これが分からないのですか！」そういう気持で、ふいに両手を上げて声を高めて話をつづけたのでした。後日になって、聴者の一人の方が「先生、あの時、先生が手を上げられた時、右脇の下あたりに明るく光る炎の珠のようなものが一瞬見えたのですが、あれは何ですか」と尋ねられました。ああ、やはり見える人には見えたのかと思った次第です。そうです、あの時はアカシック・レコードの本質について話をしなければならなかったのです。一番大事な話なのです。アカシック・レコードというと、人類の太古のたとえばアトランティス大陸での話とか、個人の前世についてのリーディングとか、そういう意味で話題になるのですが、そういう事は知っても知らなくてもいいのです。どうしても心得てもらいたいことはアカシック・レコードの原理です。何のためにそれが存在しているのか、その本質です。実はその時その話をしようとしたのです。

私が狂いなく自信をもってその本質を発言できるようにと、監視と激励の意味であの時は特別の神霊が傍に居られたようです。光り輝く炎に見えたのは恒星天使だからです。アカシック・レコードを管理なさるいわゆるカルマの主とでも申しますか。そういうのがその時の霊的な裏側です。

なぜ私がこんなことまで言うのかというと、因果の法の根源の意味を確信をもって皆様に受け取って貰いたいからです。あの時私が言ったのはこんな事です。

アカシック・レコードはバランスシート（貸借対照表）です。もし左側（借方）に「奪った」とか「殺した」と書かれたら、必ず右側（貸方）に「奪われた」「殺された」と書かれねばならない。もし左側に「与えた」「愛した」と書かれたら、必ず右側には「与えられた」「愛された」と書かれる。その数や量まで記載され、右と左が吊り合って最後は帳尻がゼロになるような仕組みになっている。ゼロになった人はもう再生しないわけですが、人は前世で犯した罪を償うために再生し、今生で犯した過ちを帳消しにするためには次にまた再生しなくてはならない。この正確無比な「与えたら与えられる、奪ったら奪われる」「愛したら愛される、殺したら殺される」の記載簿がアカシック・レコードです。

何と単純なことではありませんか。小学生なら計算できる、その程度のことが人生の真理です。しかし、頭の良い人ほど、自分の犯した罪を人のせいにしたり、良い事はしないのに良い報いを求めたりします。善男善女は神仏を拝んだり、霊能者に頼れば、これを逆転できると思うのですが、そんなことは全くありません。そのために、アカシック・レコードの記録係の天使がおられ、管理のためにカルマの主（天使）がおられるのです。

この根本の原理さえ知れば、人生はいとも単純に明晰に見えてきます。すなわち、現在の自分の環境も出来事も、過去から現在へかけての、自分のアカシック・レコードの右側（貸方）の部分が出ているのです。

何一つ人のせいにすることは出来ません。これが因果の法の物差「与えたら与えられる、奪ったら奪われる」を知った光の使徒の心境です。その余のことはおのずから明らかとなります。

この世には自分がした事以上の、大きすぎる苦しみもなければ、小さすぎる喜びもありません。苦しいといって不平を言い、喜びが少ないといって愚痴をこぼす理由はどこにもないのです。それどころか、自分にとって一番よい大きさの喜びと苦しみがあるだけです。もし自分がした事以上の苦しみがあったら、越えられません。小さすぎたら人生を甘く見て奮起しません。もし、自分が人に与えた以上の喜びが返って来たら、うぬぼれて堕落します。小さすぎる喜びしか返らなければ絶望します。人は痛みによって魂の目を覚ますものです。人をつねってもその痛さは感じません。つねり返されて初めてその痛さが分かります。大きすぎたら耐えられないし、小さすぎたら性根にしみません。丁度同じ痛みが返って来るので、人の痛さを知り二度と人をつねらないのです。

人生は、自分のした事が自分に返ってきて、喜びも苦しみも自分が人に与えたのと丁度同じ大きさだから、絶望もせず人生を甘く見ることもなく、がっかりしたり希望を失ったりすることもなく前進するのです。

ですから、人生とはこうして魂の進歩のためにあるのです。そのためにいつも私達のした事、言ったこと、思ったことが正確に記録にとられ、公正にその分量だけがいつかは必ず返ってくるようにアカシック・レコードがあるのです。因果律とはこのアカシック・レコードの原理のことです。それが公正無私・正確無比であるがために、人はしばしば面食らって多少はごまかしがあるのではないか、少しは融通もきくのではないかと思うのですが、全くそんなことはありません。早くこの原理を悟った者が人生の勝利者です。光の使徒とはそういう人です。

ですから、光の使徒は人生とは魂の進歩のためにあること、現在の自分の環境も出来事も一切が自分の制作物であること、喜びも苦しみも大きすぎたり小さすぎたりすることは絶対にないこと、苦しみは大きすぎないから必ず越えられること、大きすぎると思えることは、その分だけ自分に力があるということだから、苦難は名誉であること。このように人生を考えるので、光の使徒は常に感謝と勇気をもって、自力で人生の苦難を克服していきます。ですから、アカシック・レコードの左側の借方は、右側の貸方で次々と帳消しにされ、光の使徒は神に近づきます。

それに、光の使徒は苦難、つまりカルマの解消の仕方をちゃんと心得ています。「憎んだら憎まれる、愛したら愛される」のですから、憎しみがこちらに返ってこないように、人の憎しみや恨みに対しても、決して憎しみや恨みを返さず、常に愛を返します。ですから必ず愛が返されます。こうして憎しみや恨みのカルマはすべて解消されます。ですから、光の使徒は愛に生きようとし、人生即奉仕、それが光の使徒の生き方です。

三、光の使徒は世の罪を己が罪と感じる

右のようにできたら、もうそれで光の使徒かというと、それではまだ半分なのです。「奪ったら奪われる、与えたら与えられる」この因果律の物差を、右はまだ自分の生活にあて

はめただけです。まだ人の事には当てはめていないのです。光の使徒は人の悲しみや苦しみに対しても、因果律の物差を当てはめます。

人の事に当てはめるとはどういうことか。先日東京の読書会で、ある人がフィリピンの子供達の悲惨な状況にふれ、自分にはどうすることも出来なくて絶望だと話したのです。他の人達から慰めるように「可哀そうだけど、どう仕様もないことだから」という意味の言葉が述べられると、その人は「可哀そうではすまないのです」と言ってハラハラと涙をこぼしました。

その人にはフィリピンの子供達の苦しみが「ひとごと」に思えないのです。そうです、真実は他人事(ひとごと)ではないのです。フィリピンの子供達の苦しみは自分の中にある罪の反映なのです。自分の中の罪を消せばフィリピンの子供達の苦しみは消えるのです。そのことを泣いた人はうすうす感じていたのだけれど、自分の中の罪を消すことがフィリピンの子供達の苦しみを消す道だとまでは知らなかったのです。この人は因果の法を半分だけは知っていて、まだ半分は知らずにいるのです。

縁もゆかりもなさそうに思える人の苦しみや悲しみが、どうして自分の罪なのでしょう。もしそうなら、自分の罪を消せば人の苦はみな消えるのですから、人生は単純です。世間の常識では、人の苦や悲しみはその人のこと、自分ではどう仕様もなく、それはその人の罪、または世の中のせいとされます。すると本当はこの世間常識は全く間違っていることになります。そうです、本当は先程のハラハラと泣いた人の涙の方が本当で、自分の罪としてこれを消すとき、人の苦、世の中の苦しみははじめて解消される、これが唯一つの道です。なぜかというと、世の罪、人の罪は己が罪の反映です。人の姿、世の中の姿は、自分の中にあるものが外に映し出された姿なのです。

幕末の宗教家に黒住宗忠という人がいて、こういうことを言っています「立ち向かう人の心は鏡なり、己が姿を映してやみん」と。立ち向かう人とは自分に仇(あだ)をする人、自分に悪口を言ったり、だましたり害を与えたりする人です。その原因は自分の中にあって、その原因が外に現れてその人にそういうことをさせているのだというのです。本当でしょうか。

先日テレビを見ていたら、国利民福の会というネズミ講式のものがあって、三十六万円出して国債を買うと、必ず三百万円になって戻ってくるというのです。それはインチキだから法律を作って取り締まることになったそうです。その事でテレビでインタビューしているのです。若い人達ひとり一人に、「貴方はこれに入りたいと思いますか」と聞くと、

「三十六万円が三百万円になるのなら」と一瞬考えて、大抵の人が「入ります」と答えました。中には「法にふれると知っても、入るでしょう」と答えています。これならネズミ講はなくならないわけです。それを望んでいる人が沢山いるのですから。ですから国利民福の会の会長は「私は一度も入りなさいとすすめたことはない」と大見得を切っていました。そうかもしれません。入りたい人がいるからこういうものが出来るのです。だまされるのは本人に欲があるから。この欲という罪が国利民福の会を生み出させているのです。

私の師の脇長生先生は常々こう言っておられました。「傘を盗まれるのは、自分に盗む心があるからだ」と。とんでもないと人は怒るでしょう。しかし本当です。法則から言うとこういうことです。過去に人の傘を盗んだから、カルマの法で今度は自分が盗まれたということです。何も傘に限ったことではありません。人の物を盗むだます奪う搾取する、あるいはそのようなことを心で考える、とにかく一本の傘を失ったことと全く同じ大きさの苦痛をかつて人に与えたことのお返しが、傘を盗まれるという形で返って来たのです。このことを知ったら、人は盗んだ人を許します。すると傘は戻って来ます。傘が戻らなければそれに代る何かが戻ってきます。これと同じことで、傘を盗まれたのは過去に自分が盗んだからで、まだその盗み心が潜在意識に消えていないから、「波長の法則」でその心が相手に感応して、あるいはある霊魂に作用して、その霊魂の誘惑で相手の人がふと盗み心を起こして盗んだ。これが盗まれた時の内面です。ですから、脇先生の指摘されるように「自分に盗む心があるから盗まれた」ということになるのです。

ですから、盗まれたのは自分の中の心の反映です。盗んだ人は自分の中にある盗み心を教えてくれた先生です。また私の盗み心を私に代って実行して下さった身代りです。何の恨むことがありましょう。感謝と、その人が私の身代りで罪におちたことを詫び、その罪の苦が少しでも大きくならないように神に祈るだけです。すると傘は返って来ます。傘が返らなくても、それに代るあるいはそれ以上のものが返って来ます。これはカルマの解消であり、更に愛によって愛までが返って来るのです。

人は反問します。なるほど相手が自分の心の鏡だと言うことは分かった。しかしそれは「立ち向かう人」、つまり自分に直接関係のある人のことで、何の関係もない人の罪や苦しみまで、どうして自分の罪であり得るのだろうと。

家にまつわる因縁というのをご存知ですか。代々その家の人達が業病にとりつかれたり、次々と死んだり、事業が駄目になって一家が悲惨なことになったり。これはその家に恨みを持つ霊魂がいてその家を呪っているのです。たいてい三代か、四代かそれ以前の祖先が人に恨みを買うような罪を犯したので、いじめられた霊魂がその恨みによって子孫に仇をするのです。血のつながる可愛い子孫が苦しむことは、元の罪を犯した祖先にとっては最大の苦痛となるのです。

しかし、子孫にとっては迷惑この上ないことです。罪を犯したのは何代か前の祖先です。仇をする霊魂は全く見ず知らずの無関係の者です。それなのに苦しめられるのは自分自身です。こんな割に合わない理に合わないことはありません。

これでも祖先の罪は自分の罪なのでしょうか。そうです。間違いなく自分が犯したことの報いをいま受け取っているのです。たしかに、その因縁霊を怒らせる直接の罪を犯したのは祖先です。その祖先と自分とは人間としては全く別個の存在です。しかし、自分がその家に生まれたのは、その祖先と前生からの何らかの縁があるから生まれたのです。またその祖先の罪によって自分が苦しまねばならないのは、両者の間に浅からぬ縁があるからそうなっているのです（前生で、自分がその祖先を苦しめたとか苦労をかけたとか）。また、再生の時に、自分はその家が因縁の家であることを十分承知していて、生まれる決心をしているのです。ですから、当然うける苦しみによって償わねばならない「借り」が自分にはあった、すなわち、それを償うチャンスを持つために自分はその家に生まれたのです。また、因縁霊その人とも全く見ず知らずでなく、前生でそのような関係になってもよいかかわりをお互いに持っていたのです。

カルマの主のなさる細かな計算は私達には分かりません。しかし記録係の天使がアカシック・レコードに記録されたすべての記録に公正に正確に基づいて、それに見合う試練を受けるように自分はその因縁の家に生まれたのです。自分がそこで受ける苦しみは、元々自分がそれを受けるに等しい原因を自分の中に持っているからです。因縁霊とはその存在を自分に教えてくれる師、自分に償いをさせて下さるために地獄におちて苦しんでいる人、祖先霊は私に代って罪を犯してくれた身代り、このように言えませんか。カルマの内面にはこのようなことがあるのです。ですから、自分が因縁の家に生まれたことは自分の中にあるものの反映です。

人がこの真実を知って、祖先を恨まず、いたずらに因縁霊を取り除きさえすればそれでよいのだという考えをもたず、己れの罪として、祖先に詫び、因縁霊に詫び、自力で苦難に勇気と感謝で立ち向かう時、因縁は直ちに解消されます。また、わが師脇先生の話になりますが、先生は因縁霊は除霊すべきでなく、説得して浄化すべきものとされました。しかも、先生は説得に当たり、その因縁霊に対して自らの罪として詫びられました。それこそ、縁もゆかりもないと言っていい他家の因縁霊に対して、己が罪として詫びられたのです。ですから、因縁霊は感動して成仏していきました。

このように、見ず知らず縁もないような、遠くにいるフィリピンの子供達や、アフリカで飢えに苦しむ人達の苦しみも、本当は己が内部の罪の反映ではないでしょうか。

いま中国から残留孤児の人達が来ています。あれはいったい誰の罪ですか。心霊を生かじりした人ならこう言うでしょう。本人が前生で犯した罪の償いをしているのだと。あるいは因縁の家に生まれた因縁のせいだと。いずれにしろ、そう語る人の罪では一切なく、中国残留孤児本人の罪ないしは家の罪ということですね。これと同じ方式で、戦死者は戦死者自身の罪、家の罪。フィリピンで苦しむ子の苦は、その子のもつ罪、その子の家の罪で、私達には関係ないということになります。そうでしょうか。

もちろん、悲劇を背負う人には、その試練を受けねばならない個人のカルマがあります。また、しばしばその人の家の因縁によることがあります。しかし、カルマとはそれだけではないのです。個人のカルマ、集団のカルマ（家や会社などの団体）、民族のカルマ、人類のカルマの少なくとも四つがあります。そうして、この四つをそれぞれに管理している四人のカルマの主達がおられます。また、人間はすべてこの四種のカルマを背負っています。人のたどる運命とは、この四種のカルマがからみ合ったものです。

戦死をしたのは、たしかに個人のカルマや家のカルマがかかわっています。しかし、その外に民族のカルマや人類のカルマがかかわっています。戦死しなかった人は、個人のカルマや家のカルマがかかわらなかったのです。しかし、民族のカルマや人類のカルマによって戦争に引っ張り出されたのです。銃後で苦しんだ国民達も同じ民族と人類のカルマで苦しんだのです。中国残留孤児も全く同じことで、もし民族のカルマ人類のカルマさえなければ、日本が戦争するということはなく、従って残留孤児になることはなかったのです。ですから、日本が中国と戦った民族のカルマ、また、人を殺して自分の安全を守るという人類のカルマさえなければ、戦死者はなく、残留孤児はなく、日本人だけでなく中国の苦しむ人達もなかったのです。その民族のカルマと人類のカルマが私達の中にあります。残留孤児と戦死者と中国の悲惨の原因が私達の中にないと言えるでしょうか。だから「ひとごと」ではないのです。

先に述べましたフィリピンの子供達の悲惨に涙した人の涙は嘘ではないのです。自分の中にある、個人のカルマや家のカルマのほかに、世の人の苦や悲しみを創っている原因である民族のカルマや人類のカルマが自分の中にあることを感じていたのです。

人類は同胞ですから、霊的な血液はつながっているのですから、私達が民族と人類のカルマを消さないうちは、いつどこで誰に災禍が及ばないとも限らないのです。そうして、民族と人類のカルマを消す方法は、私達が自分個人のカルマや家のカルマを消すときと全く同じことです。すなわち、現在そこにある状況、そこにある人、遠くにいても地球にある人、地球に起こること、その苦の一切が自分の中にあるものの反映だと知って、それを解消するために愛と奉仕をもって対処することです。「愛したら愛される、与えたら与えられる」この因果律の物差を地球と人類と自己の現在の上に押し当てて生きることです。

再び、光の使徒の話に戻ります。光の使徒とは地球の上に起こっている悲惨や苦しみを「ひとごと」としない人です。それはその原因が自分の中にあることを知っているからです。それは因果の法の根源が「与えたら与えられる、奪ったら奪われる」の物差にある事を知って、自分の事と世界の事に押しあててみたからです。光の使徒は世界が自分の反映であることを知っているから、何一つ人のせいにしません。すべてを自分の中に原因があると見ます。その原因を変えさえすれば、世界も自分も一緒に良くなることを知っているから、絶望しません。希望をもって世の罪を負い、勇気をもって危機の現代を歩きます。世界の事も自分一人から変えられるのです。自分一人からしか変わらないのです。

皆さん、光の使徒になりませんか。その武器はただ一つ、「愛したら愛される、与えたら与えられる」これを使うことです。もう一つは貴方の決断です。世の罪を己が罪とする決断です。なにもこれは取り立てて言う程のことではないのです。アクエリアス時代が進んだら、誰でもが人類同胞と知るからこれは当り前の常識となるのです。光の使徒とは少しだけ早くこれを先取りした人のことです。この光の使徒達が世を変えます。光の使徒達と共に歩く人だけが生き残りアクエリアス時代を創ります。皆さん、この光の使徒になりませんか。それは決断です。決断した時、貴方はハイアラーキーの神霊方と協同することになるから、急激な心境と人生の変化が起こります。これは決断した人だけの特権です。

四、「今、ここで」貴方は世界の変革者

だいそれた事のように思えても、光の使徒とはごく普通のただの人です。その今ある家庭で、職場で、職業で、ひとりで居る生活で直ちに光の使徒です。その人はひたすら三つの事を行います。

一、その置かれた現状で奉仕に徹すること。

二、霊的真理を学習し、人に伝えること。
三、光の通路となるための瞑想をすること。

三つの中の第一が最大の条件で、これを欠いては光の使徒ではありませんし、これだけでさえ、自分を発震地として世界は変えられるのです。

一つだけ、その例えばの話をしておきます。もしある人が、どんな小さな事業でもよろしいが事業をしていたとします。この人がもし次のように事業に徹したら、この人は偉大な変革者です。第一に、簡素な生活を終始つらぬくこと。第二に、資本も土地も財産も神からのあずかり物として運用すること。第三に、事業を奉仕に徹した創意工夫であくなき努力をつづけること。

もともと、人は愛のために生きています。生きて愛を学んで進歩するためです。愛によって世界を愛に変え地球を進化（神化）させるためです。事業もこの愛のためにやっているのです。肉体を養う糧や資を得るためでなく、ましてや余分な財を握って栄耀栄華をするためではありません。その事業を通じて人と世に奉仕をするためです。この事に徹する時、ハイアラーキーと協同した愛の事業に貴方の事業が転換します。

愛の事業ですから、自分の生活は奉仕できるだけの、心身の健康が維持できる簡素なものでいいわけです。もちろん私有財産を所有しても、神からのあずかりものです。ですから資本もあずかりもの、奉仕に最も有利なようにこれを運用する責任者です。いくら儲かっても簡素な私生活を乱すような使い方はしません。奉仕への拡大再生産のために運用します。奉仕ですから、百円で仕入れたものを百円で売るわけにいきません。これでは奉仕すべき健康な心身の生活が維持できないからです。百十円ならそれが出来ます。しかし、それではまだ奉仕ではありません。拡大再生産も奉仕の大事な一つのあり方です。百二十円で売ればそれができます。これが奉仕の道です。但しこれがすべてではありません。ほんの基本です。むしろここから奉仕が始まると言えます。どうしたら、同じ百二十円の品でも良い物が作れるか売れるか。値段は同じ百二十円でも、その他に奉仕できることはないか。何とか原価が百円より安く作れないか仕入れられないか。そうなったら、その分だけ安く売ることが出来るからと、創意工夫に骨身を削る。

職業即奉仕とはこのように生きることです。これは偉大な革命です。いったい何がそうかというと、この人は自由主義と共産主義を融合しているのです。その基本は、生産手段（土地や資本）は形の上では私有しているが、現実には人類で共有しているのと同じように人類のために運用しているのです。それは土地や資本は神のもの、神からのあずかりもの、だから神のため世のため人のためために使わねばならない、この奉仕と職業原理にあります。更に、このように資本所有も生産活動も社会目的におきながら、自分の創意工夫を生かして活動しているのは自由主義です。しかも、「能力に応じて働き、必要に応じて受け取る」の共産主義の理想を実践しています。それは根本において簡素な生活を維持し、それ以上を儲けから流用しないこの奉仕の生活原理にあります。

革命は流血では実現しません。力と制度で押し付けてはその歪みが必ず出ます。自由に放任すればエゴになり混乱します。一人の光の使徒は流血によらず、力によらず、エゴによる混乱におちいることなく、自分自身において自由主義の理想と共産主義の理想を実現しています。東西の融合といいますか、水と油の二つが見事に融合統一されています。それはアクエリアス時代が統合の時代であり、愛と奉仕の生活原理の時代である、それを先取りしていま実現してみせているのです。

彼は革命家です。一人で始めた、しかし偉大な革命家です。アクエリアス時代の経済制度は今彼がやっている通りの形になるでしょう。彼の事業は大きくなり、世の中に変化を与えるでしょう。何となれば、奉仕原理こそ事業繁栄の不滅の原理であり、しかも彼は光の通路であるから、神霊界からの莫大なエネルギーの導入があるからです。丁度、世界の罪を己が罪として、自分一人から「与えたら与えられる、愛したら愛される」の因果の物差を実践して、世界を救う光の中心となる光の使徒から新しい世界が始まるように、彼のような一人の光の使徒の事業家からしか、新しい経済制度も生まれないのです。

なぜ、小さなものから、大きなものが生まれるのでしょう。それは形は小さく見えても、そこに光があり、光はハイアラーキーの神霊方と協同し、神界のエネルギーがそこから流出するからです。蟻の穴ほどでもよい光の通路さえあれば、そこからしか世界は変わらない偉大な光の流れがあるのです。

百人の光の使徒よ出でよ、と私が叫ぶのはそのためです。百個の光の穴は莫大な光の量を地上にもたらす、「革命」の原点になりましょう。

●第七章……光に光を加えるもの

一、今、ハルマゲドン

先月のこの例会の講話で「百人の光の使徒よ現れよ」というお話をしました。すると、私はそれになりたいと後から申された方がいました。しかし、講話の途中で何やらウツラウツラしている方もいました。そういう方には申しわけないのですが、今日もまたもう一度、「光の使徒よ現れよ」というようなお話を致します。前回ウツラウツラしていた方は、今日はどうか目を覚まして聞いていて下さい。これは貴方の運命にかかわる問題ですから。また、人類の運命にかかわる問題ですから。もし、今日も眠っておいでになるようなら、私は（と申すより）、神は貴方の未来の運命に対して保証をなさらないでしょう。

と申すのは、今ハルマゲドンなのです。ハルマゲドンとは、何千年も昔からいろいろ預言がありますが、神と悪魔との（善と悪との）最後の大決戦です。これで天地は壊れ、人類は滅び、救世主が降臨して人々を裁き、善人は天国へ上げ悪人を亡ぼす、つまり人類の終末のことを申します。

シルバー・バーチは物語にいうような（つまり地球が破壊されるという意味での）ハルマゲドンはないと言っています。ホワイト・イーグルも、地球の変動はあっても、時間をかけて起こるだろうと言ってくれています。

そうです、そうなると思います。しかし、大きな変動はあるのです。いま唯物主義の時代から、全く逆の「愛と平和」アクエリアス黄金時代へと、地球は確実に移動しているのですから。このことは前回、天文学的に魚座から水瓶座へと地球の位置が変動しているから、水瓶座から新しい「統合と平和」のエネルギーが照射されるのでそうなるのだと言いました。そうです、地球はいま何万年に一度の、かつてない地上天国実現の時代へ向かおうとしているのです。それは、何万年というより、もっと大きな宇宙的規模の変動が地球に起こりつつあると、私は感じています。それは水瓶座以外からも、もっと大きなエネルギーが注がれつつあると私は感じているからです。

ともあれ、千載一遇の稀有の時代を私達は共に生きながら過ごしつつあるわけです。ですから、大きな変異が地球の上にも、人類の上にもこれから起こるでしょう。実は今それが、大変異の時間にさしかかっています。ここ十年くらいの間に、いろいろな変化が私達に及ぶでしょう。今、すなわちハルマゲドンです。人類の運命の上に、政治にも経済にも思想にも大きな変化が起こるでしょう。地球に、気象にも地震や噴火や地殻の動きにも、不気味な変異がみられるでしょう。そして個人の運命の上にも、魂の選別が行われるでしょう。すなわち、地球に変動がある時、多数の死ぬ人と生き残る人とがより分けられましょう。死ぬ人の中の相当部分は地球に再生せず、もっと低位の天体へと移されるでしょう。

もちろん、これは最悪の事情の時です。そして今すぐそうなるということではありません。しかし、ここ十年くらいのうちに、そういう事態へと進むか、あるいはゆっくりと割と平穏裡に黄金のアクエリアス時代へと変動していくか、そのけじめがはっきりつけられるでしょう。いずれの方向に進むにしても、人類の魂の選別だけははっきりとつけられます。アクエリアス期に、人類の文明は霊的に高度化され、地球そのものも浄化されて、全体の波動が現在の次元よりレベルアップされますので、この高い波動に合わない魂は、当然地球に再生はされない、そういうことになるわけです。

激動の中で地球は変化するのか、緩慢な平穏な足どりで地球はそうなるのか、それを決めるのは私達です。すなわち私達の善念（愛と平和の念）が強ければ平穏裡に移行するし、もし悪念（利己主義）が勝てば必ず激動、多数の死を招く人類の破局を迎えつつ変化します。それを決めるのがここ十年です。悪念の量と善念の総量の差でそれが決まります。ですからハルマゲドンです。

どうしてそうなるのか？　その事を言う前に、現実を見てみましょう。現実の世界を見ても、人類の滅亡への歩みが見えるのではありませんか。コンピュータに人類の現在のいろいろな条件を入れてボタンを押すと、滅亡と出るそうです。そうです、人類は滅亡しかかっています。それは科学が発展したのはいいけど、その科学を悪用しているためです。それは誰の目にもハッキリしているのだけれど、それが止められないのです。人類は自分で自分の首を締めつつあるのです。

その証拠を幾つか見てみましょう。皆様もうみんなご存知のことです。核戦争の危機これは誰の目にも明らかでしょう。しかし、米ソのＩＮＦ（中距離核戦力）全廃条約が結ばれて危機は一歩後退したかに見えます。それに、ソ連はアフガンから撤退し、イラン・イラク戦争もいま停戦が実現しました。明らかに平和が進み核戦争は遠のいたように見えます。そうです、これは事実です。この背景には、神霊界からの多大の霊力の投入があり、これに感応した多数の人々の平和へのさまざまの運動があり、この波動が為政者の頭に平和への想念を起こさせ、そういう変化を起こしているのです。しかし、これでトントンと平和になるわけではありません。魔軍の攻勢もこれに劣らず盛んなのです。

それに、ソ連がＩＮＦ条約で中距離核を廃止しようとした裏には、いろいろな思惑があるのです。たとえば、アメリカはＳＤＩ（戦略防衛構想）研究の実験に成功しました。これは、ソ連から飛んで来る核爆弾を全部途中で叩き落としてしまう装置です。これではソ連の核兵器は無効です。かといって、ソ連にはＳＤＩの技術はないし、それにこれを作るにしても時間はかかるし、莫大な費用がかかってソ連の財政では手におえません。そこで、時間かせぎと状況の転換のために平和攻勢に出た、そうも受けとれます。

その証拠にソ連は急に通常兵器の中の化学兵器の開発に力を入れています。化学兵器の中の毒ガスや細菌兵器はジュネーブ条約で禁止されていますが、その枠外にある神経ガス兵器などに力を入れているそうです。それで今や、ＮＡＴＯ軍（西ヨーロッパの連合軍）は二〜三日で麻痺させられるそうです。これでは大変です。アメリカはこれに対抗するには全面核戦争によるほかはないと、やはり優れた核兵器の開発に力を入れているのです。それに、アメリカもやはり化学兵器にも力を入れることになり、ごく最近のテレビニュースで聞くところによると、アメリカはジュネーブ条約で禁止されている細菌兵器の開発に、ゴーサインを出すということです。

これは恐ろしいことです。近時の遺伝子工学の進歩によって、えたいの知れない微生物が創れます。たとえば人間を狂気にするとか、奇型にするとか、相手を倒すためならエスカレートしてどんなものでも創り出します。それに細菌には自己増殖能力があるのです。相手側に撃ち込んだ弾丸から出た微生物が地球上に拡がって、人類全体を狂気にしたり、化物のように変形させます。これはエイズどころの恐ろしさではありません。まさに人類の滅亡です。ですから、平和への動きは確実にありますが、また人類滅亡の危機はもっと進んだ姿で裏に隠れているのです。

どうして、こんな愚かな危険を人間は犯すのでしょう。その原因はハッキリしています。「自分や国の安全は武器によらねば守れない」この間違った信仰から出ているのです。これは完全な間違いです。「平和は愛によってのみ守られるもの」、これが天地不変の原理です。イエスや釈迦の教えはこの真実を説いたのです。どうして人間が、愚かにも「平和は武力で守る」などと馬鹿げた思想を持ちつづけるのでしょう。そこが、それ、「物神」のささやきです。物神とは悪魔、唯物主義の権化です。物神が人間に、この世には物質しかないという思想を吹き込んで、だから、力は物質からのみ生まれる。武力がそれである。従って、国も身体も武器でしか守れない。どうしたら強力な武器が作れるかということで、軍拡競争をすすめさせ、その結果、戦争によって人類を自滅させようとしているのです。魔神の唯物主義にコロリと引っかかって、人類はその思う壺、科学という麗々しい名前で武器開発競争をして、いま滅びかかっているのです。

核兵器によらなくったって、人類は滅びます。ご承知の公害や生態系破壊で、空気も水も大地も汚染されています。その一つの現れが、汚染されしかも添加物一杯の食品です。この食品を毎日食べ、悪い空気と悪い水を毎日飲んだり吸ったりしていますから、人類は遠からず癌や奇型化でジリジリと死に絶えます。思えばゾッとする死への行進です。それをなぜ人類は止めないのでしょうか。科学の進歩とその悪用です。悪用する原因は、業者は儲かるものなら何でも創り出そうとするし、消費者はうまくて便利で見かけのよいものなら買おうとするし、この「物質から幸福は得られる」とする、物神信仰の策略に人類がコロリと引っかかっているのです。そうではなく、「天国は内部にあり」、幸福は「魂の浄化」により、このような魂からのみ、健康も富も生まれてくるのに、この真理と完全に反対のことを人類は信仰しているのです。「幸福は物質から得られる」この物神信仰のために、業者も消費者も、科学と文明の名において、不用で害毒をもつ贅沢な品を競争で作り使っているので、人類は愚かにも悪魔が仕掛けた死へのコースを辿っているのです。

どんなにこの信仰が愚かであるか、大量生産大量消費の現代は、天空に穴を明け、異常気象を起こし、人類を飢餓へとジリジリ押し進めつつあります。

大量生産のため化石燃料（石油や石炭）がたくさん使われ、そのため発する炭酸ガスが上空に厚い層を作り、そのため温室効果が生じ、地上の熱が逃げなくなって、地球はだんだん暖かくなっているそうです。この百年で一～二度高くなっており、あと数十年で五度上昇するそうです。すると氷河がとけて、二一〇〇年には水位が二メートル高くなり、大陸の大部分は水没するそうです。これなら地殻変動など起こらずとも、地球は人為的に水没します。

炭酸ガスによる温室効果は、陸地の水没だけでなく、気温上昇による気象変化を起こすわけです。ところが最近、もっと恐ろしい異常気象の原因が注目されてきました。フロンガスです。シューッ、シューッとスプレー等に使われるあのガスです。あれは地球上空のオゾン層に穴を明け、そのためそこから太陽の紫外線が直接人体にとどいて皮膚癌を起こすといわれています。ところがそれだけでなく、オゾン層に穴が明くと異常気象が起こるというのです。今年の北米大陸の旱魃はどうもそのためらしいのです。オゾン層の穴は、中緯度地方を乾燥化し、北極や南極及び熱帯地方に多量の雨量をもたらすといわれています。そういえば中緯度地方の日本の雨量もここ数年減っています。この異常気象は大変なことです。今年のアメリカの旱魃で、世界の穀物在庫は必要量の一七パーセントに減りました。これは黄信号です。今後も旱魃が続けば赤信号になります。そうすると穀物価格が上がり、食料輸入をしている貧しい第三世界の国々は飢えます。そうでなくても、今アフリカは飢えているのに、飢えが世界に広がり、私達にしても、高価になり乏しくなる食料を他国への援助どころか、自分のために確保せざるを得なくなります。地球上を飢餓が覆い陰惨な状況になるでしょう。飢えはいま確実に進行している異常気象から起こるのです。異常気象はフロンガスや化石燃料から起こっているのです。これらを大量に使うのは、業者が金儲けのためにジャンジャン物資製造をするからです。それは私達消費者が不用不急を問わず享楽と贅沢のために物を欲しがるからです。このように業者や消費者が大量生産大量消費になったのは、「幸福は物質から得られる」この誤った物神信仰におちいっているからです。

人類が、異常気象や飢餓を避け、汚染した添加物食品や汚れた水や空気を避けたければ、科学の悪用を止めねばなりません。科学の悪用を止めるには「幸福は物質から得られる」この信仰を捨てねばなりません。

同じことで、人類が核戦争で滅びたくなければ、「安全は武器で守られる」この誤った思想を捨てねばなりません。どちらにしても、物質だけが存在して、物質にだけ力があり幸福の源泉があるとする物神信仰です。それは今ハルマゲドン、悪魔軍が必死になって宣布し、それによって人類を滅ぼそうとしている謀略です。人類は自分の物の考え方を転換しなければ救われません。ハルマゲドンで勝利できません。

ところが、ものの考え方など変えなくてよいという考え方があります。科学が進歩しさえすれば、人智により人間は救われるという考え方です。たとえばこうです。化石燃料が公害や異常気象の原因なら、別の無害エネルギーさえ発明発見すればそれですむというのです。

本当にそうでしょうか。アメリカにニューマンという発明家がいて、無害の発電器を発明したというのです。ところが国の司法省や特許庁が邪魔をして、どうしても特許がおりないというのです。なぜでしょう、これこそ人類を救う宝玉ではありませんか。国や役所が先頭にたってなぜ邪魔をするのですか。実はその背後にこれを後押しする勢力があるのです。こんな発電器が世に出たら損をする石油業者や、石油で動かすエンジンを使う自動車メーカー等です。どちらも巨大な財団です。これらが自己の利益を守るために国に反対をさせているのです。

いろいろな嫌がらせや脅し、金で買収しようとしたり、うっかりすると盗まれます。盗めば闇に葬ります。ニューマンには身の危険さえあるそうです。これまでもこうした発明のために消された人達があると聞いています。どうしてこうしたことがあるのでしょう。もちろん、政府の背後で糸を引く支配階級の財閥がいけないのです。これらは悪魔の使徒と呼びたくなります。しかし、そうした財閥を支えているのは、大量生産大量消費の社会です。それは私達が「物質によってのみ幸福は得られる」とする現代の間違った物神信仰を信じているからです。悪魔の謀略に私達がコロリとひっかかっているからです。

こういう物神信仰がありますと、実際に、金の力で世界を支配しようという野望が生まれます。十余年前の石油ショックを覚えていますか。石油がなくなって、そのためトイレットペーパーから洗剤まで底をつきました。あれは石油メジャーといわれるアメリカなど幾つかの巨大石油資本が石油の価格騰貴をねらって引き起こしたと聞いています。金儲けだけでなく、世界のエネルギー源である石油を支配することで、世界を操作しようとする野望の現れです。

アメリカにはそれに劣らぬ穀物メジャーというのがあります。世界の五分の一の穀物生産販売を支配している巨大資本家たちです。彼等は世界に飢餓が常に存在することを喜び(価格維持のためです)、どんなに余剰があっても決して飢餓を救おうとしません。それだけでなく食糧戦略といって、世界の食糧を支配することで世界を支配しようとします。日本の学校給食制度は、アメリカの余剰小麦や脱脂粉乳を日本で消化するために始められました。このこと自体は日本の食糧事情を助ける上で効果がありました。しかし、そのおかげで育った子供達、すなわち今の大人達はパンと肉食になり、今では日本はアメリカの小麦と飼料の最大のお得意さんになってしまいました。それだけでなく、日米経済摩擦を理由に、牛肉・オレンジの自由化がすすめられ、その次には米の自由化が叫ばれています。この裏には政府を動かしている穀物メジャーがあるわけです。もし日本がアメリカから米を輸入したら、日本は首根っ子を押さえられてしまいます。価格を操作され、売る量も将来は操作されます。そうでなくても異常気象による飢餓が目に見えているので、危険なことです。食糧を制するものはその国を支配します。もし私達が愛と平和の真理に生きたければ、国の自立を守らねばなりません。それには、日本は食糧を自給しなければなりません。すなわち米を、特に玄米を食べなければなりません。もしアメリカの米に依存したら、穀物メジャーの支配を受けます。穀物メジャーは物神信仰を有利とする巨大な勢力ですから、ご用心です。

同じく、銀行など金融資本も物神信仰による世界支配の野望をもちます。今はカードが発達し、買物などもカード一枚でできる便利さです。しかし、その裏にワナがあります。アメリカではカード制が進み、普通のサラリーマンは給料を貰っても、手元に入るのは三～四万円だということです。家族何人もかかえてどうやって生活するのですか。カードを持つと不用不急の物でもつい買ってしまいます。カードはお金と違い目に見えて減らないので、つい金銭感覚がマヒして使い込んでしまいます。そこが付け目です。首の廻らなくなった人間の首根っ子を押さえることは簡単です。ですから、カード制が進めば、人類はいわば高利貸のような金融資本によって首根っ子を押さえられ支配されます。

財力による支配が進めば、その国の政治も文化も思想も支配されてしまいます。政治にはお金がかかり、政治はお金で支配できるからです。また、文化人や学者も地位と権威を保ちたければ、政府に逆らったり時流に反しては失脚させられます。ですから、マスコミも文化も思想も結局はお金で支配できます。ですから、一番お金を持つ人達は政治を支配し、文化や思想も支配して、物神思想を人類に行き渡らせ、それでお金を儲けます。そうして人類全体の首根っ子を押さえて支配しようとします。何のためでしょうか、誰のためでしょうか。……それというのも、私達が物神信仰にひっかかっているから、そうなるわけで、もし私達が「本当の幸福は物質では得られない」と悟ってしまえば、その支配は全く無効なのです。しかし、現実はそうではないので、その行先はどうなるでしょうか？それは皆様お気付きのとおり、物神信仰の行先は、核戦争か、生態系破壊か、異常気象かで人類の滅亡です。そういうコースを想定して、人類の裏で誰かが画策しています。

悪魔は実在します。だからハルマゲドンがあるのです。いまその決戦にさしかかっています。悪魔はつまり物神は、三つの方法で人類を支配します。第一が「国の安全は武器で守るもの」、この力に対する信仰です。いま国の指導層やインテリが手もなくこの思想に引っかかっています。そのコースは核戦争か細菌兵器戦争か、いずれにしろ人類の滅亡です。

第二が「幸福は物質からのみ得られる」この抜き差しならぬ物神信仰です。それが公害を生み生態系破壊を生み異常気象を生み、どっちみち人類の滅亡です。

第三は宗教支配です。第一と第二は唯物思想を吹き込んで支配するのですが、これは違います。神は在るというのです。そうして善男善女の目を引き付けます。しかし、その神は魔力をもつペンダントとか多宝塔とか、教祖の魔力とか、何々の神である教祖自身であると思い込ませます。なぜそういうことをするのかというと、これは手口を変えた物神信仰です。すなわち、「幸福は物質で得られる」とする「物質」に、ペンダントとか教祖の魔力を置きかえただけのものです。つまり、外部のニセの神に他力依存させることで、人間に内在する本当の神から目をそらさせようとするのです。人間を救うものは、人間が内在する神、すなわち宇宙至高の力が自分の中にあると知るところにあります。しかし、外部のニセの力に他力依存してしまえば、永久にせっかくの内在の神を見失います。こうして人は永久に自分の力で立ち上がる気力を失います。つまり魂を引き抜かれるのです。これが悪魔の狙いです。しかも、外部の魔力を信じると幸福になるよといって、現世的なご利益信仰に誘います。これでは完全な物神信仰です。しかももっと困ったことには、魂を引き抜かれて自分で立ち上がる気力を永久に失わされていますから、その分だけ、唯物主義信仰よりもっとタチが悪いのです。こうして、魂を抜き取った善男善女の群をつくり出しておけば、物神信仰はいつまでも安泰です。ですから、宗教支配は悪魔の三つの手口の中で、一番重要な人類支配の手口です。今この悪魔の支配が着々と人類の間に進行しています。ですからハルマゲドンです。

もしこの物神信仰が人類の間に行き渡ったら、どうなるでしょうか。地殻変動や地軸の移動までも起こります。なぜかというと、物神信仰は利己主義という悪想念をまきちらすことです。闇の想念が地球を覆うことです。そうなれば、地球は大陸の陥没や隆起、はては地軸移動といって、瞬間に北極や南極の位置が変わって人類は破滅します。過去に何度かそういうことがあったらしいので、いま起こらないという保証はないのです。

なぜ、物神信仰によって悪想念が行き渡るとそうなるのでしょうか。心霊を学んだ人ならご承知のとおり、物にはすべて幽体があります。人間も肉体に浸透して幽体をもっています。ですから、大地にも、海にも、草木にも幽体があります。もし悪想念が行き渡ると、これが大地や水や空気にも感応を及ぼして、その幽体を濁らせます。この濁りは物体と幽体の間にあるエーテル体にたまって、地球を病気にします。

人間も悪い想念を持つと、それがエーテル体に毒素となってたまり、肉体は病気になります。エーテル体は肉体の神経や内分泌腺や血液と結んでいるので、これらの働きを異常にし、血液を濁らせます。これが病気です。病気の症状とはエーテル体にたまった毒素を外に排出しようとする自然治癒力の現れです。

もし、地球のエーテル体に毒素がたまれば、当然地球は自然治癒力を発揮して、大浄化運動を展開します。これがいろいろな地球の変動です。たとえば噴火は、丁度肉体にたまった膿を傷口から外に吹き出そうとする浄化作用です。地震はいわば神経痛で、毒素を外に出そうとする時、毒素の移動で神経がピリピリ痛むその症状です。たとえば異常気象は内分泌腺の異常で、ホルモン分泌のアンバランスで、身体のあっちが熱くなったり冷たくなったり、乾いたりしめったりで異常を呈するのです。地殻変動は内臓の病気です。胃が痛んだり心臓が苦しくなったり、腸捻転で身体も内臓も七転八倒しているのです。それが大陸隆起や陸地陥没の現象を呈するのです。地軸移動とは癌ですか。癌で死んで人は再生します。地軸移動はまさに地球肉体の再生です。極が転移して、気象が一変して、古い動植物が死に絶えて新しい動植物に変わるのですから。

人体も地球も原理は変わりません。毒素がたまれば自然治癒力を発動して、浄化作用をするのです。その毒素とはエーテル体にたまる悪想念です。今たまりにたまった人類の悪想念によって、地球が大浄化作業を発動しようとしています。それはたまりにたまった悪想念によって、人類社会がいま大浄化作用を始めているのと全く同じ事です。ですから、今ハルマゲドンです。

私達はこのハルマゲドンを、危険少なく平穏裡に越えなければなりません。どうしたらそれが可能でしょうか。その答えはきわめて明瞭です。いま地球を覆っている闇の流れにかえて、私達が白光を放射すればよいのです。すなわち地球を包んでいる物神信仰の悪(利己主義)の想念を捨てて、神の愛と平和の念を私達がさかんに放射すればよいのです。

今いろいろの予兆が現れはじめています。病気はある時が来るとドッと吹き出して止めようがありません。今です、光の使徒よ現れよ、と私が叫んでいるのは。すべての人が平穏に傷つくことなく、黄金期のアクエリアス時代へ入って行けるために。それには、皆さんと一緒にどうしたら白光を一番よく放出できるのか、唯そのひと事に地球の運命がかかっています。

二、人間の目的は、神の宇宙進化の助手となること

どうしたら、白光を最も多く放射することが出来るのでしょうか?……肝心なことを、人類は永い間忘れてきました。人間は何のために生まれ、何のために生きているのか。人生の目的です。これが狂うと、進む方向が違って来て、その目的地である結果が狂ってきます。すなわち、幸福になるべきなのに不幸になり、平和になるべきなのに戦争がつづきます。

貴方は何のために生きているのか、そう問われると、人はふと、〝山の彼方の空遠く……〟などという詩を思い浮かべながら、「自分の幸福のため」と漠然と答えます。そ

うです「自己の幸福のため」、これが大なり小なり大方の人生の目的です。

しかし、宗教やスピリチュアリズムを学んだ人の中には、そうではない、人が生きているのは「自己の霊性進化（魂の浄化向上）のためだ」と言いきる人がいます。そうです、まさしくこれこそ人生の至上の目的であると、たいていの宗教やスピリチュアリズムの通常の教えが説いているところです。

だから物神の餌食にされるのです、と私は敢て申します。すべて自分のために行うことは一種のエゴです。このエゴがあると、物神は巧妙にその人の頭の中に入りこんで尤もな理屈をこねさせます。魂の進歩のためにという口実で、世界のことをさしおいて自己を優先させるいろいろな思考や行為をさせます。知らないうちにその人は自分中心にものを考える、物神のとりこにさせられます。

魂の浄化は、たしかに人類のすべてが向かっている方向です。しかしそれは人間の目的ではありません。人間の目的の手段なのです。人生の目的とは「神の宇宙進化の助手」となること、これです。この立派な助手になるために、私達は魂を進化向上させて神々にならねばならないのです。即ち「世界は自分のためにあるのでなく、自分が世界のためにある」のです。

もともと人間は神でした。人間に内在する神性（神の分霊）こそその証拠です。神と同じものがあるのですから、人間はもともと神と同じ完全な幸福、完全な英知そのものでした。その神がなぜわざわざ肉の衣を着て不完全な人間となり、しかも再びわざわざ元の神に戻らねばならないのですか。こんな無駄？　あるいは苦労！　それはいったい何のためでしょうか。

もう一度神に帰ること、これは進歩です。しかし、もともと神であった者がこうして神に帰るのは、何かの目的があるからです。そうですその「何か」こそが人間の本当の目的です。そうして、この「何か」が「神の宇宙進化の助手」となることなのです。神とは永遠の生々進化をなされているものと考えられます。この宇宙進化の大事業には助手が必要なのです。その助手として選ばれているのが人間なのです。人間が物質界に生まれているのは、そこで苦労して生きることによって、宇宙進化に必要な光を発光させるためです。この光がなければ宇宙は進化できません。人間は宇宙進化の発光体、かけがえのないそのチャンピオンです。そうして発光させることで神に戻っていきます。神に戻った人間は、今度は物質界を操作できる宇宙の神々として、宇宙経綸のポストにつきます。

人間が進歩することは、物質界で宇宙進化に不可欠の光を発光させるためです。神はこの目的でわざわざ肉の衣を着けて物質界に下られ、もう一度ご苦労にも神に戻られます。これが人間です。ですから、人間はこの目的を今こそ正しく知らねばなりません。これを知らないと肝心の発光が出来ないのです。今日まで人類がムザムザと物神にほんろうされてきたのは、実は人間がこの人間の本当の目的を見落としていたからです。自己のために生きることは、それがどんなにもっともな理屈がつけられようと、利己、すなわち物神の虜（とりこ）となる手がかりです。

今ハルマゲドン、私達が悪魔に勝利するためには、ここで正しく人間の生の目的を知り、大いなる白光の発光者にならねばなりません。人間は宇宙のために生きています。いささかも自分のためでなく、万物の進化のためのかけがえのない発光者。神が創られた、神ご自身でもある、「宇宙進化の神の助手」これが人間の真実の姿です。

どうしてそういうことが言えるのか、ここでもう少し、神の創造の秘密にわけ入って考えてみましょう。

神は淋しがり屋です。そもそも初め、宇宙には何もなく、神お一人でした。その神も姿もなく形もなく色や匂いもありませんでした。淋しがり屋の神は、愛する者を欲しいと思われました。そこで、自分の身を千切って万物をお創りになりました。ですから、神の創造の動機は愛です。神は今でも愛によって宇宙を支えておられ、従って宇宙の法は愛、神ご自身が愛なのです。

さて、神の宇宙創造の手順を、もう少し順を追って申します。旧約聖書によると（これには太古の英知の片鱗のいくらかがあります）、神は先ず「光あれ」と言われました。すると光が在りました。この光は今でもあります。大宇宙の根源である大霊太陽。これから万象が生まれ、今も万象はこの中にあり、これに支えられこれから生命を享けています。ホワイト・イーグルはこの霊太陽を、神の子キリストと呼びます（人間イエスのことではありません。宇宙キリスト大神霊、すなわち父なる母なる神、また人間内在の神です）。大霊太陽は光でありエネルギーであり想念です。従ってこれから生まれた万象も、光でありエネルギーであり想念です。この宇宙には光でないものは一物も存在しません。

神はこの光から、次々と万物を生み出されました。第一に天と地を。天とは見えない世界のこと、先ず神界、次いで霊界、そして幽界と創られました。それから地、すなわち物質界を創られました。

第三に草木を、第四に星々を、第五に鳥や魚や動物たちを、第六に人間を創られました。七日目に神は休んだ、とバイブルにはそこまで書いてあります。

しかし、神は八日目から休んではおられません。今日まで一時も休むことなく働いておられます。新しいものを創造されたのではなく、六日目までに創られたものの進化をすすめられています。そうです、神とは生々進化です。自分の身を千切って創造なされた子供らの、一日も休むことのない生々進化、これが宇宙です。鉱物から植物へ、植物から動物へ、動物から人間へ、人間から神へと。万象の一つ一つが神ご自身のようになること。ああ、宇宙は万象が神へ神へと向かう壮麗なる光の行進です。いわば万象が神になるための「神の学校」であります。

さて、この進化にはどうしても新しい光が必要なのです。光は浄化——すなわち進化をすすめる力であるからです。神は光そのものです。しかし、完全である神はもはやその上に何ものも付け加えるものはないわけですから、八日目からの生々進化のための光は、神ご自身の光ではない、別の者から出る光でなければ、その光がなければ宇宙の進化は出来ないわけです。神が万物をお創りになり、最後の六日目に人間をお創りになったのはその目的のためです。

神は人間を発光体として（新しい光の供給者として）お創りになりました。その手順は次のとおりです。

先ず、神は人間に神性を与えられました（神の息吹を吹き込まれました）。それは、愛である神と同じく「愛することの出来る者」とするためです。動物にはこれがないので、愛されることはできても、愛することは出来ません。

次に、人間に肉の衣を着せられました。そのために、折角の神性（神の大いなる愛）は、小さな愛になりました。しかし、人間は小さくなった愛であるが故に、本来の神の大いなる愛に帰ろうとする「進歩する者」という本性を獲得しました。

更に、神はこの人間を物質界に置かれました。物質界は有限の不自由な世界ですから、人間の小さな愛は利己主義になりました（本当は人間は神ですから、本来の自分自身である宇宙全体を愛する愛なのですが、小さな愛に今なっているので、肉体で包まれた小さな自己だけを愛する者、利己主義になったのです）。利己主義はいわゆる悪ですから、物質界に下りたために、人間は「悪を作る者」となりました。

さて、人間は「進歩する者」です。従って、小さな愛から大きな愛へと戻ろうと悲願にもえて物質界を生き続けます。すなわち進歩、神に戻ろうとする悲願です。言いかえると、悪を何とか消してしまいたいという悲願です。さて、悪は何で消えるでしょう。愛です。何となれば、進歩とは元の大きな愛に戻ろうとすることです。悪とは利己主義すなわち小さな愛です。ですから、小さな愛から大きな愛に戻りさえすれば、初めの小さな愛である悪は消えます。ですから悪を克服するものは愛、愛だけです。しかも、人間は「愛することの出来る者」だから、これが出来るのです。

このことを、日常の出来事でもう少し述べます。自分に何か悪がある時（欲心とか、悪い感情とか、または人に対して悪事をなしたとか）、これはただ愛の心を持つことで、愛の行為をすることで消えます。欲心も悪感情も自分本位でものを考え、人とか世の中に配慮しないから出る邪念です。これは我を捨てて、世を思い人を思う心が発するとき消えます。愛です。また、人に対して行なった間違った行為は、反省して、相手のために償いをしてはじめて許されます。愛の心と愛の行為で消えます。このように、自己の悪を消すものは愛です。この外にありません。

また、他者の悪を消すものも愛です。いわゆる悪者を見ることは不愉快なことです。しかし、その人を憎み排斥したら、その人は一層悪く反応するだけです。方法はないのです、その人に愛を向ける、その人の霊性の進歩のために結局一番何が良いかを考えてあげる、その人のために何かをして上げる、そのことのほかに。その時、光がその人に向けられ、その人の内部に眠っている神性にとどき、神性を目覚めさせ、その人に感動や感謝を覚えさせ、その人自身をも愛することの出来る人となります。

このように、愛は自己の悪を消し、他者の悪も消します。こうして、人が愛によって悪を消し合って生きる時、そこに発光があります。何となれば愛は光ですから。すなわち神は愛であり光です。人も神の子ですからその愛は光です。この愛、すなわち発光によって、人は神に進歩し、他者も神に進歩します。このとき、人から発光した光が白光の流れとなって万物に及び、地上の万物を浄化し、宇宙を進化させます。

しかも、この光は新しい光です。もともとある神の光とは違います。これは悪を消して生まれた光ですから。神は悪を作らないから、悪を消して光を作ることをなさいません。また天使も肉体がなく、物質界に住んでいないので、悪を作らないから（神の光を伝える者ではあっても）、新しく光を作ることは出来ません。もちろん、動物は愛することが出来ないので、光そのものが作れません。こうして、人間だけが宇宙の中で、新しい光を作る者です。この光によって、初めて神の宇宙の生々進化が成り立っています。

もう一度申します。悪があるから、新しい光があります。人間が愛で悪を消すから、新しい光がつくられます。この新しい光によって宇宙の進化が行われています。人間とは「悪を作るから、新しい光を作る者」です。また「神になるまで、悪を消しながら、光を発光させつつ、神の宇宙進化に奉仕する助手」です。

皆さん、悪とはマイナス、いわば陰極です。愛とはプラス、いわゆる陽極です。このプラスとマイナス、陰と陽の接触でここに新しい光の発光があるのです。また、物質界とは、いわばマッチのサンドペーパー、人間の愛とは黄燐のマッチ棒です。この両者の接触で新たなる発光があります。ですから、物質界とは単に諸行無常ではありません。また、人間とは単に肉体をもつが故に汚れて罪ある者ではありません。神の宇宙の生々進化のためには、物質界は不可欠であり、肉体を着た人間も不可欠の存在です。神が肉体をまとわれたのも、この悪の発生源である物質界をわざわざ創造なされたのも、実は宇宙の生々進化のためです。

人間が宇宙でかけがえのない発光体であることが分かります。悪の泥にまみれて、けなげにも歩く人間の姿は、あるいは生々進化の悲願にもえる神ご自身の愛の姿でもあります。

しかし、人が悪を作る者であることは、もし、人が反対に愛を発光させねば、宇宙は悪ばかりとなり恐ろしい結果となります。すなわち、人間とは光を発光して宇宙を神の国にすることも出来れば、また反対に、悪だけを作って宇宙を破滅させることも出来ます。人間とは、げに、宇宙を生かすも殺すも人間次第、まことに恐ろしい存在です。

ですから、ハルマゲドンがあるのです。神は決して宇宙を滅ぼすことをなさいません、地球一つさえも。ですから、人間の悪によって宇宙が壊れそうになるその前に、地球の大浄化作用を起こされて、悪をつくる人間を裁かれます。今がそのハルマゲドンです。神とは愛によって万物を生々進化されます。そのために必要な悪を人間に作らせておられます。人間が愛を作ることを怠けて、凶悪な悪魔を仕立て上げるので、神は常にこれと闘っておられます。まかり間違うと、悪魔によって宇宙が壊れるかもしれない、危険な賭までもおかしながら。

しかし、前に申したように、宇宙は自然治癒力によって、それが壊れる前に、必ず自浄作用を起こす仕掛けになっています。このとき、大きな悪を作った悪魔の使徒は亡ぼされ、これに盲従した者は低次の天体へ移され、光を作った魂たちが新しくよみがえった世界に、神の国を築く者として残されます。今がこの何万年に一回かのハルマゲドンの時です。救世主が必ず降臨して(それはハルマゲドンの後です)、神の国の肉体をもったリーダーとなる、その日が近づいています。残る者となるか、残らない者となるか、選ぶのは私達自身です。神に向かって早く進んだ者が、大きな光を作った者として、自らを残る者として選ぶことになります。

三、早く神になる道

この地球を救うことは、またその時に、地球の落ちこぼれとならない道は、光をどんどん作る者となればよいわけです。それは言いかえれば、早く神に近づくこと、すなわち愛によって悪をどしどし消して、進歩する者となればよいわけです。その道は神が太古より、人間のために三つ、三つの関門をつくって、早く神になるように仕掛けをしておいでになります。さて、その早く神になるための三つの門とは何でしょうか。

一、死ぬ、二、生まれる、三、生きる、この三つの関門です。この物質世界を試練場として、そこに三つの門を作っておいでになるわけです。

「死ぬ」のは進歩のためです。神になる第一関門です。なぜかというと、死によって人は人生の一切を細部にまでわたって走馬灯のように思い出します。その時、自分の一生が失敗であったか、成功であったか、どの箇所でなぜ失敗したかをすべて一望のもとに見ます。すなわち自分の送った人生の総点検です。これが死の意味です。もしこういう総点検がなかったら、恐らく人は一度も根源から反省することはないでしょう。従って、死は全く恐ろしいものではありません。死によって人は一生に一度きりの総ザライ点検を受け、自分の人生を見返して、次に進歩するためのステップとするからです。

　さて、送った人生の成果の程度に応じて、人は死後、その最も自分の霊格にふさわしい境域に入ります。そこで人生の反省にかんがみて、自分の欠陥であった性格や人格の矯正をします。そのために、死後には生前の守護霊とは別に指導霊がつきます。なお、死後の生活での中心は、自己の趣味ないし才能に応じた、思うがままの生活を送ることです。もはや食べるための労働はなく、まわりにいる人達は気心も趣味も魂の程度も似た人達ばかりですから、トラブルなどなく、手をたずさえ協同し合って自己の才能の発揮と練磨に没頭できるのです。従って、死後の世界とは、前世での性格や人格の矯正と、それから自己の才能の練磨です。

　あるところまでこれが進みますと、必ず再生の意欲が湧いてきます。自分の矯正した性格は本物かどうか、伸ばした才能は確実に身についているか、それを波風の荒い物質世界で試してみたいのです。どんな誘惑や苦労にあっても、くじけぬか、悪い性格が二度と出ぬか、伸ばした才能が現実に生かしきれるか。このテストへの悲願。やはり人間はその本性に「進歩するもの」の特質をもっていますから、必ずこうなります。これが再生の決意です。そこで、自分のテストしたい才能や性格に一番試練となるような環境や親や時代を選んで再生します。その時、前世や前々世やらのカルマの償いも一緒にするために組み入れられます。これが再生です。

第二の進歩のための関門、再生、「生まれる」こと、この関門をくぐります。これがなぜ門かというと、生まれることによって、人は一切の記憶を失うからです。再生の日の決断も、前世の記憶も、カルマの償いのことも一切を失います。忘れることは良いことです。この忘れることのために「生まれる」門があるのです。なぜ、忘れることが良いかというと、もし、人が再生の日の決断を覚えていたら、人生は安易にすぎて少しもテストにならないからです。

人が生まれるということは、その人生で果たしたい仕事（使命）があるから、鍛え直したい才能や性格があるから、償いたいカルマがあるからです。それは丁度テストに臨む生徒のようなものです。この生徒に提出される問題が予め生徒に知らされていたら、それはいいテストにはなりません。どんな問題が出されるか分からないので、生徒は真剣に人生の学校にいどむのです。

また、もし登校拒否をしていたら（自分の環境に不平不満を言っていたら）、出される問題が何であるかすら分かりません。自分が自分の問題を解くに一番ふさわしいと選んだ環境（学校）に、不平不満をもたなくなった時に、生徒は自分の目の前にある問題を発見します。「あ、、私が再生の時にきめた、私のいどむべき問題はこれであったか」と、この世における使命の道が見えてきます。この時、人には人生に立ち向かっていこうとする勇猛心が湧いてきます。この発見あればこそ、その解答を出そうとする勇気が湧いてくるのです。すべて生まれた時に、白紙の状態に忘れてしまうことは、登校拒否を越え、自分の課題を発見し、自分で自分の問題を解こうとする、最も理想的な学習姿勢を、私達人生学校の生徒にもたらすものです。ですから「忘れることは良いこと」です。でなくて、いったい何のための人生でしょうか。

カルマにしてもそうです。私達が人生という町である人に出会って、「あ、、この人は私が前世で百万円奪った人だ。今この人に会ったのは、今度私がこの人から百万円取られて償いをするためだ」と分かっていたらどうでしょう。その時、取られないように用心しよう、だまされないようにあの手この手で防ごうと、少しでもしない人は神様です。それでは本気でカルマを償うことになりません。全く何をするか分からない人達に会って、白紙で、今度は愛で対処するか、怒りや憎しみで対処するか、その賭けがあって、本当に償えるカルマがあれば償えるものです。ですから、生まれるとき何もかも「忘れることは良いこと」です。

第三の門、それは「生きる」という関門です。これが関門であるのは、生きることは辛いことだからです。すなわち食のために働く苦労。いわば天国から地獄までの寄せ集めの人達の中で、うまく調和して生きねばならない苦労。それに、思うことがすぐ現実とならない鈍重な物理的物質世界を泳ぐ苦労。きりがありません。だから「苦難」があるのです。これら苦難を克服するために、私達はこの人生に生まれています。

さて苦難とは、私達が過去に播いた種子の総結集で、人はこれを乗り越えることで、そのカルマが解消され進歩します。ただし、この苦難を克服するには肝心な一つの条件があります。

それは人生という学校で登校拒否をしないということ、すなわち自分で学校に行く「ヤル気」を持つということです。この者にして初めて、自分で自分の課題（使命）が何であるかが発見でき、また更に進んで、自分のカルマ（宿題）に敢然といどんでいくことが出来ます。苦難やカルマはこのような者達であって初めて克服されます。ここに大切なものは人生に対する勇気、勇猛心です。そしてこの勇猛心は、自分の目で、白紙の中から、自分の課題（使命）や自分のカルマ（宿題）を発見することによって得られます。すなわち自分の目で、忘れた再生の日の決断をもう一度思い出すことによってのみ獲得されるのです。ですから「忘れることは良いこと」、そうして「思い出すことはもっと良いこと」です。生きるとは、このように思い出して苦難を克服するためにあります。

人生には、誰にでも一生に一つか二つの大きな苦難があります。それを越えるか越えないか、いわばそのテストのために人生があると言えましょう。もしそれを越えれば、その人の人生に大きな飛躍があります。もし失敗すれば、次の輪廻のために、もう一つのカルマを新しく加えて持ち越されます。

もし、人が苦難を克服する時、そこに奇蹟（どうしてこうなったのか、人力でははかり難いある力の存在を感じさせるようなこと）が起こります。人はこれによって神の存在を知ります。すなわち「神の発見」です。そうして何度かこのような体験を重ねる時、神はもっと身近に在る、おそらく自分の中にあると、内在の神の発見、すなわち「人は神」である厳粛な事実を知ります。

人が「人は神」である真実に気付く時、その人はもう殆ど神です。すなわち人生の目的である「神になる」ゴールにまで近く来ています。すなわち、その人は小我の愛である利己主義が吐き出す、いわゆる悪（不完全な愛・小さな光、それゆえに暗い光・闇）を愛によってすべて出しつくして、神の大いなる愛にまで戻って来た人、光だけとなった人です。

神はこの光の人に人をするために三つの門を作って下さいました。「死」で総反省をして、他界で英気を養って、もう一度挑戦する勇気を持つ。再生の決意をして「生まれ」て、すべてを忘れ、もう一度再生の決断を思い出して、苦難の物質界を渡りぬく勇気を持つ。そうして「生きる」苦難を克服する者となって、神を発見し、次いで人は神である真実を発見して、神人となる。ですから三つの門は、人が神となる関門です。人はこの三つの関門を何度もくぐって輪廻を重ねます。ですから、この三つの存在を知り、その意味をよく悟って、門ごとにある「コツ」を心得て、早く神までのゴールに到達すること、これが人生の早道です。

さて、人生とはいわば百メートル競争です。なぜかというと、人が神になるまでに発光する光の量は一定だからです。ある人は少し悪を消して少ししか光を発光しないのに神になったとか。ある人は沢山の悪を消して沢山の光を発光させたのにまだ神になれないとか。神はそのような不公平はなさいません。皆もともと同じ神の子、同質です。ですから各々の魂の一生（生死を繰り返す魂の輪廻）で、吐き出す悪と、それを愛によって光に変える光の量は一定です。ですからこの光の量を早く発光させた者が早く神に戻るのです。私達は始源の時、光から創造されました。そうして宇宙進化の神の使命を帯びて、肉身で物質界に下り、悪を出し悪を光に変えて、神に戻るコースを辿っています。私達人間の魂はすべて、同時にスタートし、神に帰るきびしいレースにいどむランナーです。そして発光する量が皆一定ということは、走るコースが一定ということです。私達人間の魂は、いわば始源より神になるゴールに向かって宇宙百メートル競争を走っているランナー達です。釈迦やキリストは早くもゴールに達しました。私達も遅れてはなりません。

四、神になる最短コース

もし、神になる最短コースがあるとしたら、貴方はそのランナーとなられますか。今ならそのコースがあります。この十年くらいでしょうか、ハルマゲドンの時代に限ってです。それはほんの貴方の決断一つでなれるコースです。「光の使徒」に貴方がなる、その決断一つです。

光の使徒とは、「霊的真理を理解して、これを人に伝えることの出来る人」と常々私は申しています。更に「神の光の通路となる人」とも付け加えます。そうしてまたここに「光を誰よりも発光する人」と付け加えます。この三つは皆同じことです。神の使徒ということで。

ですから貴方が神の使徒となる決断をなさるかどうか、それが貴方が宇宙百メートルレースの、最短コースを走る者となるかどうか、それを決めます。何と易しいことでしょう、学歴も、特別の知識も知恵も財力も才能も必要ないのです。決断一つですから。男女の別、人種民族、職業が何であるかを選びません。決断一つですから。神は公平であられます。平等な神の子として人間を創っておられますから。誰にでも出来ることは、決断、これ一つです。自分で決めればよいことです。

決断するということは、我を捨てるということです。光の使徒とは、我を捨てて、人生即奉仕で生きることですから。我を捨てるといっても、その職業や家庭を捨てたり変えたりすることではありません。現在の自己の置かれている場で根かぎりの奉仕で生きればよいことですから。また、どんな大きな事をするか、何をするかでなく、自分の今している事にどれほどの奉仕をもって徹するか、その奉仕の深さですから。もし職業や家庭を変える必要があるとしたら、その現在への奉仕の実践の中から、必ず正しい必要な人生の転換が起こります。それが神の使徒であることの証拠です。ですから、光の使徒になるということは、貴方の決断一つです。それは我を捨てるということです。我を捨てて貴方は奉仕に徹して生きられますか。それを貴方が決めて下さい。真理の学習においても、瞑想においても、自分のためにするのでなく、世の中と人のためにするのです。そこまで貴方は徹し切れますか。それが我を捨てるということです。光の使徒になる決定をするということです。

この決心が出来た時、貴方は宇宙百メートル競争の、もう最短コースのランナーです。何となれば、貴方には介添人として神霊がお付きになるからです。

今ハルマゲドンだから、このことが可能です。いわば悪魔との最後の大決戦において、神霊界では神の光の通路となる者、悪魔の使徒の発する闇に対抗して、さかんに光を発光する者達を極度に求めておられるからです。ですから、今ハルマゲドンです。この十年くらいの間が人類史上では類を見ない、貴方が神になる絶好のチャンスです。

私のような者が、そんな、神にすぐなれましょうか？　そんな疑念は不要です。貴方が決断さえなされば、神霊が直接貴方を指導なさるからです。おそらく貴方は今まで、貴方のまわりには幽界の霊が取り巻き、その程度の霊と交流しながら、その程度の知識を受け取っていたので平凡人でした。しかし、決断を一つなされれば神霊が直接貴方の指導者となられるのですから、貴方の知恵も知識も才能も一挙に飛躍します。霊智が本当の知恵、本当の知識です。それは魂からのみ得られるものです。その魂を神霊が直接に特別に指導開発して下さるのですから、貴方は一変する筈です。おそらく、その指導により、貴方は次々と貴方の生活を通じて奇蹟を体験し、神を発見し、人は神であることを知る者となりましょう。

人はいつの時代でも、光の使徒となるまでが道のりが長いのです。それまでには幾多の輪廻を繰返し行きつ戻りつします。しかし、ある日、もし我（が）を捨てて神の使徒となる決断をしさえすれば、それから先は早いのです。神の直接指導を受ける、その差によるものです。まことに、人生とは決断一つです。貴方が神に向かって手を差し出すかどうか、神の方で待ち受けておられる手に、貴方の方から手を差し伸べるかどうか、その決断一つです。その決断をした日に、貴方は宇宙百メートルレースの、最短コースの位置につきます。貴方はおそらく一〜二度の再生で、あるいは、おそくとも三度の再生で神々となられましょう。

貴方を待ち受けているのは、試練と感動と教育の日々です。それが嫌ならいま断念することです。今生で光の使徒として立派に役割を果たせば、霊界に入って、貴方は一段高いランクに上って新しい資格を身に付けます。次の来たるべきアクエリアス黄金期の、一人の指導者となるためにです。その資格を身につければ、使命を担ってその指導者としての役を果たすために再生します。

貴方達がこれからつくる数百年後のその時代は、地球上にかつて見なかった地上の神の国と言われています。人間は肉体のままで霊体を発達させ、互いにテレパシーで交信ができ、人間は高級霊と交流し、他の天体の高級な人類とも行き来する、いわゆる霊文明時代に入るそうです。新しいエネルギーが発見されて、科学が発達し、その科学が善用されて愛と平和のキリスト原理が、現実に政治・経済・社会の制度になって実現される、まさに理想世界が来るそうです。そのためのハルマゲドンです。

その日には神霊方が肉体をとって地上に姿を現され、各界の指導をなさる筈です。貴方はその時のために神霊方に従う一人の指導者になります。それだから神の国です。かつてなかった時代を地球が実現してみせようとしています。そのために、地球の次元を一次元ほど上げるための、今がハルマゲドン大浄化運動です。

こんな時に、貴方が地上にいるということは、決して偶然ではないのです。貴方はおそらくはこの時代を選んで再生の決断をした、光の使徒かもしれません。いや、一向に私にはそんな記憶はないと、がっかりなさる必要はありません。貴方が今ここにあるということは、神に貴方がこの時代に生まれることを許されているということです。それは貴方が地上の経験をへて、光の使徒になる可能性をもつからです。貴方はもともと光の使徒か、もしくは光の使徒となる候補者です。私は前回の講話で、もし百人の光の使徒が現れれば、その六〇パーセントは再生の時に決断した人、四〇パーセントが地上で新しく決断する人、そのように申しました。これが今回の神の軍勢を構成する割合です。（つまり、これが新しい時代の地球を構成する人々の割合です。）もし貴方がそのどちらでもないとしたら、貴方は間違いなく第三の部類です。すなわち、光に反抗する悪魔の使徒、闇の軍勢です。このハルマゲドンの時代には、一人も偶然に生まれることを許されている者はいません。貴方がそのどちらかであるかは、自分で判断し、自分で選択して、このハルマゲドンの時代を歩いて下さい。

♧桑原啓善のネオ・スピリチュアリズム

〈ネオ・スピリチュアリズム講座〉 デクノボー革命	桑原啓善 著 上巻／¥1,529（税込） 239頁
〈ネオ・スピリチュアリズム講座〉 デクノボー革命	桑原啓善 著 下巻／¥2,039（税込） 288頁
デクノボー革命の軌跡 第1巻／リラ自然音楽のスピリチュアルな意味	山波言太郎 著 ¥1,260（税込）128頁
デクノボー革命の軌跡 第2巻／神から出て神に帰る、その人間の歴史	山波言太郎 著 ¥1,365（税込）200頁
デクノボー革命の軌跡 第3巻／おー大変が来る、歌マジックがある	山波言太郎 著 ¥1,365（税込）232頁
日本神霊主義聴聞録 スピリチュアルな生き方原典	桑原啓善 筆録 脇 長生 講述 ¥1,365（税込） 264頁
心霊科学からスピリチュアリズムへ 神霊主義	桑原啓善 監修 浅野和三郎 著 熊谷えり子 現代文 ¥1,365（税込） 272頁
地球を救う霊的常識3 ※「地球を救う霊的常識」1、2は、只今在庫切れです。	桑原啓善 著 ¥1,223（税込） 216頁

♧桑原啓善の翻訳本

ホワイト・イーグル 天使と妖精	桑原啓善 訳 ¥1,000（税込） 208頁
ホワイト・イーグル 自己を癒す道	桑原啓善 訳 ¥1,000（税込） 242頁
ホワイト・イーグル 神への帰還	桑原啓善 訳 ¥1,260（税込） 144頁
ホワイト・イーグル 秘儀への道	桑原啓善 訳 ¥1,529（税込） 220頁
ホワイト・イーグル 光への道	桑原啓善 訳 ¥1,427（税込） 208頁
ホワイト・イーグルの教え アメリカ大陸の太陽人たち	桑原啓善 監訳／加藤 明 訳 グレース・クック 著 ¥1,365（税込） 256頁
シルバー・バーチに聞く	桑原啓善 編著 ¥1,020（税込） 160頁
ワードの 「死後の世界」	桑原啓善 編著 J.S.M.ワード 原著 ¥1,000（税込） 220頁
ジュリアの音信	桑原啓善 抄訳 W.T.ステッド 著 ¥805（税込） 136頁
人間の生き方 THE WAY OF LIFE	桑原啓善 訳 A.フィンドレー 著 ¥1,529（税込） 316頁

くわはら ひろよし
桑原 啓善（ペンネーム 山波言太郎）

詩人、心霊研究家、自然音楽療法研究家。不可知論者であった学生時代に、心霊研究の迷信を叩こうとして心霊研究に入り、逆にその正しさを知ってスピリチュアリストになる。浅野和三郎氏が創立した「心霊科学研究会」、その後継者脇長生氏の門で心霊研究三十年。氏の没後「生命の樹」を創立してネオ・スピリチュアリズムを唱道し、1999年でくのぼう革命を遂行。現在は「リラ自然音楽研究所」を設立して、地球の恒久平和実現のために、地球人の魂の癒しと進化の実践活動を展開中。訳書『シルバー・バーチ霊言集』『ホワイト・イーグル霊言集』『霊の書』上下他。著書『ワンネスブック・シリーズ』等心霊書。『音楽進化論』他多数。

愛で世界が変わる
ネオ・スピリチュアリズム講話

二〇〇七年 一〇月 三〇日 発行

著　者　桑原 啓善
装幀者　桑原香菜子
発行者　山波言太郎総合文化財団
発行所　でくのぼう出版
神奈川県鎌倉市由比ガ浜 四―四―一一
TEL 〇四六七―二五―七七〇七
ホームページ https://yamanami-zaidan.jp/dekunobou
発売元　星雲社（共同出版社・流通責任出版社）
東京都文京区水道 一―三―三〇
TEL 〇三―三八六八―三二七五
印刷所　昭和情報プロセス株式会社

ISBN978-4-434-11299-7